수험생을 위한
긴급기도문

일오삼출판사

수험생을 위한 긴급 기도문

펴낸날_ 2007. 10. 10

지은이_ 이미선
발행인_ 민태근
발행처_ 일오삼출판사
등록번호_ 제 5-485호
등록된 곳_ 서울특별시 중랑구 면목 2동 183-92
전화_ 02-964-6993
팩스_ 02-2208-0153

한 권 값 7,000원

ISBN 978-89-89236-10-8   03230

수험생을 위한

은혜의 보좌를 흔드는 **부모의 자녀사랑** 기도문

긴급기도문

이미선 지음

| 시작하는 말 |

"네 모든 자녀는 여호와의 교훈을 받을 것이니
 네 자녀에게는 큰 평안이 있을 것이며"(사 54 : 13).

3년 전에 일오삼출판사 사장님이신 민태근 집사님께 기도에 관한 책을 써달라는 제의를 받았다. 그러나 내게 전혀 해당사항이 아니라 여기고 조용히 거절했었다. 그러다가 몇 개월 전 다시 제의가 들어왔다. 그러나 역시 기도에 관한 책을 내가 어찌 쓴단 말인가? 너무도 고민되고 갈등이 되었다. 그런데 수험생들을 위한 기도문을 써보면 어떻겠는가 하셔서 조금씩 용기를 내기 시작했다. 고3을 둔 엄마로써 늘 기도하는 내용을 조금 정리하면 되지 않을까 하여 제의를 받아들였다. 그러나 책 쓰는 것이 처음인지라 두렵기도 하고 떨리는 마음을 주께 맡기고 기도하면서 이 책을 쓰게 되었다.

누구에겐가 기도 부탁도 마음껏 못한 채 시작된 일이 이제 마무리 되었다. 옆에서 기도로 독려해준 남편과 말없이 나를 위해 늘 기도하는 기도동역자 친구들에게 진심으로 감사한다.

우리 그리스도인들이 자녀들을 위해 기도할 때 예수 그리스도의 마음과 우주적인 마음을 가졌으면 한다. 남을 배려하고 이해하는 넓은 마음을 가진 자녀들이 되고 부디 하나님의 비전을 이룰 수 있는 우리 수험생 모두가 되기를 진심으로 기도한다.

 이 책을 읽는 모든 이들에게 성령의 도우심과 임재가 늘 충만하시길 빌며 기름부으심을 충만히 받는 삶이 되기를 또한 기도한다.

2007년 6월에
이미선

| 차례 |

시작하는 말 … 4

제1부 제목 기도 모음 … 7

제2부 이 땅에 사랑받기 위해 태어난 하나님의 자녀들의
영적 전쟁을 위한 중보기도 … 107

제3부 자녀의 삶에 복이 되는 성구 기도 … 117

제4부 죄를 이기는 말씀 묵상 · 암송 … 133

마치는 기도 … 142

참고문헌 … 143

제1부

제목 기도 모음

· 중보기도란과 적용기도란을 충분히 활용하여 기도의 효과를 극대화시켜 주시길 바랍니다. 적용기도란에 각자의 기도제목을 적어 온 가족이 집중 기도하는 시간을 갖도록 합시다.

마음의 여유를 갖도록

우리의 창조주 하나님께 찬양과 경배를 드립니다. 오늘도 주의 지으신 자녀들을 만지시고 보호하시는 주님의 크신 사랑의 손길을 기대합니다.

하나님께서 허락하신 ○○○에게 남을 섬기는 기쁨을 알게 하옵소서. 공부할 때에 자신만을 위한 것이 아니라, 다른 사람을 돕거나 이롭게 할 목적도 마음에 품게 하옵소서.

학교 생활 속에서 친구들의 필요를 알게 하여 주시고 그 필요를 위해 기도할 수 있는 마음의 여유를 소유하게 도와 주옵소서. 마음을 옹졸하게 쓰지 않고 넉넉한 마음밭을 잘 일구도록 은혜 주옵소서.

이 세상 모든 것으로 충만하신 하나님 아버지!

우리는 하나님의 자녀들입니다. 주의 충만하심으로 저희를 사랑하심 감사하오며 예수님의 이름으로 감사 기도드립니다. 아멘

> **성구/** "지금까지는 너희가 내 이름으로 아무것도 구하지 아니 하였으나 구하라 그리하면 받으리니 너희 기쁨이 충만하리라" (요 16:24)
> **중보기도/** 예수 그리스도를 주로 고백하는 믿음의 가정의 자녀들이 공부에 대해 올바른 기독교인인 목적을 품게 하여 주옵소서.

적용기도 ....

집중력과 이해력을 주시도록

자비와 긍휼의 하나님 아버지!

오늘도 주님과 함께 하루를 시작하니 기쁨과 감사 찬송이 절로 나오네요. 주님! 오늘 하루를 다스려 주옵시고 주관하여 주옵소서. 주의 사랑하는 ○○○가 오늘 기분 좋게 즐거운 마음으로 학업에 집중하는 열심을 주옵소서. 온 정신을 집중할 수 있도록 모든 잡념들을 떨쳐버리게 하여 주옵소서. 또한 공부하는(수업받는) 내용들이 쏙쏙 이해되도록 도와 주옵소서. 어려운 문제를 풀거나, 힘든 공부시간에 기도할 맘을 주시고, 성령을 체험하도록 역사하여 주옵소서. 수업시간에 졸지 않을 수 있는 정신력을 주옵소서. 늘 자신을 주께 맡기고 수업시간 시간을 주께 의탁드리며, 전폭 주를 의지하도록 지혜를 주옵소서.

성령 하나님! 주를 의지할 때에 공부가 잘된다는 경험이 늘 있도록 ○○○의 마음을 주관하옵시기를 부탁드리며 예수님의 이름으로 기도드립니다. 아멘

> **성구/** "우편으로나 좌편으로나 치우치지 말고 네 발을 악에서 떠나게 하라" (잠 4:27)
> **중보기도/** 성령 하나님! 우리 자녀들이 공부할 때에 집중력과 이해력을 충만히 허락하여 주옵소서.

적용기도

하나님을 깊이 아는 지혜를 주시기를

지혜의 왕이신 하나님 아버지!

주의 성호를 찬양합니다. 모든 지혜의 왕이신 하나님! 우리 주 아버지! 저희들을 주의 자녀 삼으신 것 감사드립니다.

하나님은 우리의 노래시며 구원이심을 고백합니다. ○○○가 오늘도 성령의 공급하시는 지혜와 지식과 명철로 충만케 하옵소서. 솔로몬의 하나님이셨듯이 ○○○에게도 많은 지혜가 터득되기를 원합니다. 무엇보다도 하나님에 대해 깊이 아는 지혜를 허락하여 주옵소서. ○○○에게 지혜의 영으로 충만케 하옵소서. 여러 가지 일들을 통하여 하나님을 아는 지각이 넓고 깊어 날마다 새롭게 되는 은혜로 함께 하여 주옵소서.

모든 일상생활 속에서 자신을 만드시고 보호하시는 하나님을 경험하도록 인도하여 주옵소서. 우리의 왕이신 예수님의 이름으로 기도드립니다. 아멘

> 성구/ "대저 여호와는 지혜를 주시며 지식과 명철을 그 입에서 내심이여" (잠 2:6)
> 중보기도/ 예수 믿는 가정의 자녀들이 하나님을 깊이 아는 지식으로 채워 주옵소서. 솔로몬의 지혜와 분별이 묵상되게 하옵소서.

적용기도

마음의 즐거움을 주시도록

한없이 환하시며 맑으신 우리 주 하나님! 이 땅의 모든 꽃들보다 귀하며 아름다우신 우리 주님! 그 이름은 항상 거룩하십니다. 우리 마음에 빛을 주셔서 유쾌하게 웃을 수 있는 마음을 주신 은혜에 감사드립니다.

마음에 즐거운 생각들로 가득하게 하옵소서. ○○○가 공부할 때에 지루하거나, 지겹다는 생각에 사로잡히지 않도록 도와주옵소서. 오늘도 열심히 공부할 마음을 주시고, 주어진 모든 환경들을 감사함으로 생각하게 도와주옵소서. 언제나 긍정적인 사고와 마음을 품도록 역사하시고 어려운 시간들을 잘 극복해 나가도록 힘을 주옵소서. 공부하기가 힘들어질 때 주를 의지하게 하옵소서. 여호와를 앙망하는 자에게 새 힘을 주심을 기억하도록 하사 즉시 기도하며 새 마음과 기쁨을 회복하게 하여 주옵소서.

나의 힘이 되신 주께 감사하며 예수님의 이름으로 기도드립니다. 아멘

성구/ "나의 힘이 되신 여호와여 내가 주를 사랑하나이다"(시 18:1)
중보기도/ 책상 앞에만 앉아도 머리가 아프거나 잡념들로 공부가 안 돼 짜증을 잘 내게 되는 자녀들을 긍휼히 여겨주사 공부에 방해되는 습관들을 고쳐 주옵소서.

적용기도

인터넷 게임에 중독되지 않도록(1)

우리 하늘 아버지! 존귀와 영광을 주께 돌립니다. 주는 선하시며 인자하심이 영원합니다. 우리를 사망에서 생명으로 인도하심을 감사드립니다. 우리 죄인들을 살리시려고 모든 희생을 마다치 않으시고 아낌없는 사랑을 베푸신 은혜에 엎드려 경배 드립니다.

하나님 아버지! 우리의 자녀들이 공부하다 스트레스 받고 있습니다. 그 스트레스를 푼다고 인터넷 게임을 합니다. 그런데 잠깐이 아니고 장시간 게임에 빠지곤 합니다. 아까운 시간들이 마구 흘러가게 되며 건강도 해치게 됩니다. 통제가 안 되는 자녀들도 있습니다.

성령 하나님! ○○○는 게임 시간이 무의미하며 지루해지도록 강력히 간섭하여 주옵소서. 주님의 깊은 손길을 의지하며 예수님의 이름으로 기도드립니다. 아멘

> 성구/ "여호와와 그 능력을 구할지어다 그 얼굴을 항상 구할지어다"(대상 16:1)
> 중보기도/ 인터넷 게임에 중독된 자녀들을 보호하사 그 중독에서 속히 벗어나게 역사하여 주옵소서.

적용기도 ....

인터넷 게임에 중독되지 않도록(2)

우리에게서 찬양받으시기에 너무도 합당하신 하나님 아버지! 영광 받으옵소서. 오늘도 우리 가운데 임하여 다스려 주옵소서. 보혜사 성령님! 우리 심령 가운데 운행하사 저희를 살피시며 주관하여 주옵소서.

하나님께서 사랑하시는 자녀 ○○○가 하나님을 사랑하고 섬기게 하옵소서. 아버지의 거룩함의 속성이 ○○○의 심령 속에서 역사되기를 원하고 기도합니다. 틈만 나면 말씀을 가까이 하는 습관이 생기게 하옵소서.

인터넷 게임을 즐기는 마음에 변화를 주옵소서. 게임을 하고 싶은 생각이 날마다 시간마다 줄어들도록 간구합니다. 지금은 공부할 때라는 생각이 ○○○로 하여금 공부에 흥미가 유발되도록 이끌어 주옵소서. 공부하는 일이 재미있어지게 도우소서. 예수님의 이름으로 기도드립니다. 아멘

성구/ "내가 너를 굳세게 하리라 참으로 너를 도와주리라 참으로 나의 의로운 오른손으로 너를 붙들리라" (사 41:10)
중보기도/ 인터넷 게임 시간이 줄어들고 그 시간을 공부에 필요한 시간으로 활용하도록 성령 하나님께서 이끌어 주옵소서.

적용기도

인터넷 게임에서 자유로워지도록

자유의 하나님 아버지! 진리로 우리를 자유케 하옵소서. 해맑은 아침을 주시니 감사합니다. 새로운 소망을 품게 하시니 또한 감사 찬양합니다.

○○○를 지극히 사랑하시는 주님! 오늘 하루 새로운 기쁨을 주셔서 주님을 찬양하는 ○○○가 되게 하옵소서. 오늘 하루도 ○○○의 보호자가 되시는 주께 의탁 드립니다. 우리가 기도하지 못하여, 악한 영들이 침투하며 ○○○로 시간 낭비 하는 일 없도록 기도합니다.

인터넷 게임을 하는 동안 아이의 정신이 혼미케 되는 일 없도록 성령 하나님, 지켜 주소서. 우리 가족 모두 잘 분별하여 게임을 통한 악영향이 생기지 않도록 성령 하나님께서 개입하여 주옵소서. 예수님의 이름으로 기도드립니다. 아멘

성구/ "우리가 저에게서 듣고 너희에게 전하는 소식이 이것이니 곧 하나님은 빛이시라 그에게는 어두움이 조금도 없으시니라"(요일 1:5)
중보기도/ 하나님보다 더 위에 있는 것들을 알게 하시고 회개하도록 역사하여 주옵소서. 자녀들이 인터넷 게임에서 놓여지도록 간섭하옵소서.

적용기도

공부하는 열심을 주시도록(1)

모든 능력의 원천이신 우리 주 하나님을 높여드립니다. 주 예수 그리스도의 보혈로 ○○○을 덮어주옵소서. ○○○의 마음과 생각과 뜻을 감찰하시고 주의 뜻대로 다스려 주옵소서.

○○○가 행여나 공부하는 일이 필요치 않다고 생각되어 공부를 포기하는 일이 없도록 도와주옵소서. 공부하는 일이 갑자기 무의미해져 시큰둥하지 않도록 도와주옵소서. 중요하지 않은 일들로 시간 낭비하지 않기를 기도합니다.

오늘도 마음을 새롭게 하고 각오를 단단하게 하도록 역사하여 주옵소서. 성령의 주시는 신선한 마음으로 자신을 다독일 수 있게 하옵소서. 하나님의 시각으로 공부에 대해 생각할 수 있는 지혜를 구합니다. 학생으로서 최선을 다해 공부에 열중하도록 아버지께서 도우시기를 예수님의 이름으로 기도합니다. 아멘

성구/ "게으른 자의 길은 가시울타리 같으나 정직한 자의 길은 대로니라" (잠 15:19)
중보기도/ 하나님의 자녀들이 공부에 게으른 것을 다스려 주옵소서. 공부에 성실한 사람이 되도록 이끌어 주옵소서.

적용기도

공부하는 열심을 주시도록(2)

참 진리 되시고 생명 되시며 참 길 되신 우리 주님을 찬양합니다. 주의 행하신 귀한 은혜들을 추억하며 감사드립니다. ㅇㅇㅇ을 저희 가정에 허락하시어 웃음꽃이 피게 하시고 삶의 즐거움을 주셨던 것을 감사드립니다. 주님의 진리의 말씀들을 ㅇㅇㅇ의 기억 속에 충만히 담아 주옵소서. 말씀이 육신이 되어 우리 가운데 오신 주님을 이 시간 의지합니다.

하나님 아버지!

ㅇㅇㅇ가 공부할 때에 기억력이 좋아지게 역사하여 주옵소서. 꼭 필요한 지혜와 지식을 순조로이 습득하도록 역사하여 주옵소서. 학교 수업 중에 선생님들의 가르치심이 잘 이해되고 기억되도록 복 주옵소서.

지혜의 왕이신 주여! ㅇㅇㅇ가 또한 암기력이 증진되도록 역사하옵소서. 예수님의 이름으로 기도드립니다. 아멘

> **성구/** "이 모든 일에 전심전력하여 너의 진보를 모든 사람에게 나타내게 하라"(딤전 4:15)
> **중보기도/** 믿음의 가정에 수험생들에게 공부에 필요한 지혜, 지식의 능력으로 충만케 하옵소서.

적용기도 ......

공부하는 열심을 주시도록(3)

푸르른 하늘과 곱고 아름다운 자연을 주신 주께 감사 찬송을 드립니다. 온 만물이 주를 우러러 찬양합니다.

귀한 선물 ○○○가 시험 준비로 마음이 조급해질 때가 있습니다. 그럴 때면 짜증도 냅니다. 그럴 때에 부모 된 저희가 지혜롭게 잘 대처하도록 성령 하나님의 도우심을 구합니다.

○○○가 마음의 안정을 갖게 하여 주시고, 하나님의 말씀으로 조급증과 짜증을 극복하게 도와주옵소서. 가끔 밖으로 나가 푸르른 하늘을 올려다 볼 수 있는 여유를 갖게 하여 주옵소서. 급할 때도 침착하게 마음을 다스리도록 가르치시고 인도하여 주옵소서. 공부를 열심히 하여 좋은 결과가 나오도록 기대하는 마음이 생기게 도와주옵소서. 우리를 선하신 뜻대로 이끌어 가실 주 예수님의 이름으로 기도드립니다. 아멘

> **성구/** "무릇 지킬만한 것보다 더욱 네 마음을 지키라 생명의 근원이 이에서 남이라" (잠 4:23)
> **중보기도/** 우리 자녀들의 마음을 만지시는 주님! 그들이 자신들의 마음을 다스릴 수 있는 여유와 힘을 공급하여 주옵소서.

적용기도

공부하는 열심을 주시도록(4)

이 세상 모든 우주 만물을 말씀으로 창조하신 하나님 아버지!

어려서부터 창조주를 기억하며 의뢰하던 ㅇㅇㅇ가 더더욱 창조주 하나님을 찾게 하옵소서. 오늘도 새 날을 허락하시니 새 마음으로 복된 하루를 지내게 은혜 베푸소서.

ㅇㅇㅇ가 주 안에서 마음의 안식을 누리게 하소서. 모의고사와 중간고사를 치르노라 피곤하여진 몸과 맘에 쉼을 주옵소서. 시험에 대한 중압감으로 불면증이 생기지 않게 은혜 주시고, 소화불량도 생기지 않도록 돌봐 주옵소서.

예수 그리스도의 흘리신 보혈로 ㅇㅇㅇ을 덮어 주시사, 악한 영이 침투하지 못하도록 막아 주옵소서. ㅇㅇㅇ를 사랑하시는 주여! ㅇㅇㅇ가 공부를 즐기는 마음이 되게 역사하시기를 기도합니다.

긍휼을 베푸시는 예수님의 이름으로 기도드립니다. 아멘

성구/ "너는 청년의 때 곧 곤고한 날이 이르기 전 나는 아무 낙이 없다고 할 해가 가깝기 전에 너의 창조자를 기억하라" (전 12:1)

중보기도/ 우리의 자녀들이 공부를 마치고 잠을 청할 때에 단잠을 자도록 은혜 베푸소서.

적용기도

공부하는 열심을 주시도록(5)

"나의 힘이 되신 여호와여 내가 주님을 사랑합니다."

주를 의지함이 곧 나의 힘이 되심을 믿습니다. 우리 ㅇㅇㅇ도 하나님을 절대적으로 의지하며, 자신의 모든 것을 의뢰하도록 원하여 기도합니다. ㅇㅇㅇ가 공부를 너무 잘하려 하다가 미리 지쳐 버리지 않게 도와주옵소서.

매일매일 최선을 다하도록 주관하여 주옵소서. 하루하루에 필요한 공부에 대한 계획을 세우고 효율적인 공부가 되도록 지혜를 주옵소서. 오늘도 주께 맡기는 믿음이 서게 하시고 자신감을 주옵소서.

성령 하나님!

시간을 헛되이 보내지 않도록 마음의 고삐를 잘 잡고 여러 가지 시험들을 잘 치르게 하옵소서. 우리가 의지할 이 예수 그리스도의 이름으로 기도드립니다. 아멘

성구/ "내가 주를 의뢰하고 적군에 달리며 내 하나님을 의지하고 담을 뛰어넘나이다" (시 18:29)
중보기도/ 수험생들이 고시준비로 마음이 조급하고 분주할 때에 하나님 아버지를 의지할 지혜와 힘을 주시고 안정을 주옵소서.

적용기도

공부하는 열심을 주시도록(6)

온 세상과 우주의 주인이신 하나님 아버지!

우리 가족과 모든 하나님의 백성들의 생명의 주인이신 하나님께 존귀와 영광을 돌립니다. 온 만물, 땅의 것이나 하늘의 것들을 주관하시며 다스리시는 하나님 아버지를 경배합니다.

오늘도 ○○○와 그의 친구들과 선생님들에게 하나님의 은총이 함께 하시기를 기도드립니다.

사랑하는 아이 ○○○가 자신에게 가장 적합한 학과를 선택할 수 있도록 그 마음과 생각을 주장하여 주옵소서. 어느 대학을 가야 할지 선생님들의 지도와 도움을 받을 수 있도록 인도하여 주옵소서. 진로에 대한 성령님의 인도하심을 구합니다. ○○○가 자신이 무엇을 할 때 가장 즐거우며 행복할지 판단하고 분별할 수 있는 지혜를 주옵소서. 부족한 부분은 무엇인지 잘 발견할 수 있도록 인도하여 주옵소서. 우리의 인도자 되신 예수님의 이름으로 기도드립니다. 아멘

> **성구/** "삼가 말씀에 주의 하는 자는 좋은 것을 얻나니 여호와를 의지하는 자는 복이 있느니라"(잠 17:20)
>
> **중보기도/** 주의 자녀들에게 정확한 판단력과 분별력을 주옵소서. 자신들의 달란트가 무엇인가 잘 발견하고 어떻게 쓰였을 때 하나님께 영광이 될지 알게 하옵소서.

적용기도

(입시제도에 대하여) 하나님의 개입이 있으시도록

만왕의 왕이신 하나님, 우리 아버지!

이제 수험생들의 노력한 결과를 기대하며 시험 볼 날이 점점 가까이 다가옵니다. 우리나라 입시에 대한 문제점들을 관계자들이 철저히 파악하고 진단할 수 있기를 기도합니다. 입시가 정치적으로 악이용 되는 것을 막아 주옵소서. 정치인들이 정치적 수단으로 입시가 좌지우지 되지 않게 역사하여 주옵소서. 수시로 바뀌는 입시제도로 많은 혼란이 있습니다. 그 혼란 속에 어린 자녀들이 고통을 당하고 있습니다.

우리나라에 맞는 입시제도가 마련되며 자리매김이 되도록 성령 하나님 역사하여 주옵소서. 한참 예민하며 혈기왕성하지만 또한 미성숙한 우리의 자녀들이 공부하는데, 혼란을 주고 공부의 의욕을 떨어뜨리는 입시제도에 긍정적인 개선이 있도록 역사하여 주옵소서. 예수님의 이름으로 기도드립니다. 아멘

> **성구/** "저는 자기를 경외하는 자의 소원을 이루시며 또 저희 부르짖음을 들으사 구원하시리로다" (시 145:19)
> **중보기도/** 인재를 발굴하고 키울 수 있는 대학이 정직할 수 있기를 기도합니다. 우리나라에 맞는 입시제도가 마련되도록 관계자들에게 지혜를 주옵소서.

적용기도

시간관리의 지혜와 능력을 주소서(1)

모든 것을 아시고 모든 능력을 베푸시는 하나님!

주의 놀라운 지혜의 능력을 찬양 드립니다. 주의 백성들을 오늘도 사랑하시는 하나님! ○○○의 오늘 하루 건강을 부탁드립니다. 항상 주의 말씀을 마음에 새기고 주의 인도하심을 받도록 도와주옵소서.

○○○가 시간을 잘 관리하고 쓸 수 있는 지혜를 주사 하나님께 영광 돌리기를 원합니다. ○○○가 하나님의 시간표에 의해 움직이기를 기도합니다. 하루하루의 귀한 시간을 어떻게 보내야 할지 고민하며 계획을 잘 세우도록 간섭하여 주옵소서. 기도하며 세운 계획을 실행할 때에 지속력을 주시고, 수정할 일이 있을 때에 신중할 수 있도록 인도하여 주옵소서. 우선순위를 정할 때 가장 중요하고 급한 일부터 할 수 있는 지혜를 주옵소서. 시간을 만드신 예수님의 이름으로 기도 드립니다. 아멘

> **성구/** "사람의 마음에는 많은 계획이 있어도 오직 여호와의 뜻이 완전히 서리라" (잠 19:21)
> **중보기도/** 하나님의 자녀들이 '시간'에 대한 귀중함을 깨닫고 예수 그리스도 안에서 '시간'을 다스리게 하옵소서.

적용기도

시간관리의 지혜와 능력을 주소서(2)

은혜와 긍휼의 하나님! 언제나 때를 따라 돕는 풍성한 은혜들을 기억하니 감사하나이다.

○○○가 주의 은혜를 하나하나 헤아려 감사 찬송할 수 있기를 원하며 기도합니다. ○○○가 감사생활을 잘 할 수 있도록 그 마음을 다스리소서. 오늘도 감사의 영성이 성숙되기를 기도합니다. ○○○을 주의 보배로운 피로 덮으며 주께 의탁 드립니다.

하나님께서 허락하신 하루하루를 귀중히 여기며 세월을 아끼는 자가 되게 하소서. '놀토' 때 많은 곳을 여행하며 하나님의 지으신 자연을 감사하며 자연 속에서 하나님의 모습들을 보게 하심을 감사합니다.

○○○가 주일성수에 힘을 기울이게 하소서. 주의 날을 지키는 데 게으르지 않도록 지켜 주옵소서. 안식일에 주인 되신 예수님의 이름으로 기도드립니다. 아멘

성구/ "그러므로 너희가 그리스도 예수를 주로 받았으니 그 안에서 행하되 그 안에 뿌리를 박으며 세움을 입어 교훈을 받은 대로 믿음에 굳게 서서 감사함을 넘치게 하라"(골 2:6)
중보기도/ 믿음의 자녀들이 귀한 시간을 금 같이 쓰고 공부하는 데 효율적으로 쓸 수 있는 능력으로 함께 하옵소서.

적용기도

시간관리의 지혜와 능력을 주소서(3)

사랑의 하나님, 능력의 하나님!

오늘도 주의 사랑과 은혜 가운데 아침을 맞이하게 하시니 감사합니다. 감사의 눈을 뜨고 감사의 하루를 시작할 수 있게 하옵소서.

주님! 하나님이 아껴보시는 ㅇㅇㅇ가 아침에 일찍 일어나지 못하고 늦잠을 자는 버릇 때문에 지각하는 일 없기를 주께 기도드립니다. 시간을 잘 배분하지 못해 피곤해지고 그러므로 아침 일찍 일어나지 못하는 습관이 계속되지 않기를 주께 기도드립니다. ㅇㅇㅇ을 아시는 주께서 ㅇㅇㅇ가 어느 시간에 공부를 하는 것이 더 효과적일지 잘 파악할 수 있도록 도와주옵소서.

자신이나 부모가 건강 상태를 면밀히 관찰해 보고 점검하여 시간계획표(공부에 대해)를 잘 짤 수 있도록 인도하여 주옵소서.

성령 하나님 도와주소서. 예수님의 이름으로 기도드립니다. 아멘.

> **성구/** "주는 나를 용서하사 내가 떠나 없어지기 전에 나의 건강을 회복시키소서"(시 39:13)
> **중보기도/** 공부하는 수험생들이 자신의 건강상태와 체질을 잘 알고 적절한 방법을 찾으며 부족한 부분은 도움을 받도록 은혜 베푸소서.

적용기도

시간관리의 지혜와 능력을 주소서(4)

할렐루야, 거룩하신 하나님!

어제나 오늘이나 살아계셔서 동일하게 역사하시는 성령 하나님! 구약의 하나님! 신약의 하나님! 우리 하나님!

오늘의 필요한 은혜를 주옵소서. ㅇㅇㅇ가 하루 동안의 주어진 시간을 후회 없이 쓰도록 인도하옵소서. 하루를 마쳤을 때 오늘 하루 값있게 보냈다는 생각이 들도록 도와주옵소서. 공부하느라 고단한 ㅇㅇㅇ에게 적절한 휴식을 취할 수 있는 지혜를 주시기를 기도합니다. 점심식사 후엔 잠시 휴식을 취함도 좋겠습니다. 주님! 자투리 시간들을 그때 그때마다 필요한 복습을 하는 시간으로 활용할 수 있는 순발력을 주옵소서. 남는 시간을 자신의 학업에 필요하게 적합하게 쓰는 시간관리의 능력을 주옵소서. 예수님의 이름으로 기도드립니다. 아멘

성구/ "내일은 휴식이니 여호와께 거룩한 안식일이라"(출 16:23)
중보기도/ 적절한 휴식으로 건강 컨디션을 조율하게 시간관리의 능력으로 도와주옵소서.

적용기도

시간관리의 지혜와 능력을 주소서(5)

치료의 하나님!

우리의 치료자 되심을 감사합니다. 우리의 연약함을 아시고 고치시며 싸매시며 돌봐주심을 감사합니다.

오늘도 주의 베푸신 은혜에 감사드립니다. 주께서는 심지가 견고한 자에게 평강으로 지키심을 믿습니다. 그 약속 따라 간구합니다. ㅇㅇㅇ가 주께 향한 사랑의 열정이 식지 않도록 도와주옵소서. 주님께 대한 믿음이 더욱 견고해지도록 인도하옵소서.

건강관리, 시간관리에 소홀하다가 몸이 허약해지지 않도록 주의하게 도와주옵소서. 몸이 약하여 주께 대한 사랑과 믿음이 약하여지고 주를 따르는 마음에 의지가 꺾일까 하오니 ㅇㅇㅇ을 더욱 더 강건케 하여 주옵소서. ㅇㅇㅇ의 건강을 주께 맡깁니다.

저희 모두가 부지런할 수 있도록 도와주옵소서. 하나님 자녀 돌보시는 일을 쉬지 않으시는 주께 감사하오며 예수님의 이름으로 기도드립니다. 아멘

> 성구/ "사랑하는 자여 네 영혼이 잘됨같이 네가 범사에 잘되고 강건하기를 내가 간구하노라" (요삼 2)
> 중보기도/ 주의 자녀들이 주일성수를 잘하게 하옵시고 영육간에 강건함으로 함께 하여 주옵소서.

적용기도

시간관리의 지혜와 능력을 주소서(6)

할렐루야! 우리의 길 되시며 진리이신 주여!

우리의 모든 계획들이 성령 안에서 경영되도록 주여 인도해 주옵소서.

○○○가 시간을 잘 쓸 줄 아는 자가 지혜로운 자임을 깊이 깨닫게 하옵소서. 시간을 아낄 줄 알도록 ○○○의 생각들을 주관하여 주옵소서.

계속되는 게임의 유혹과 TV의 오락프로그램, 외화의 유혹에서 벗어나게 도와주옵소서. 예수 그리스도의 이름으로 구합니다. 주의 능력으로 구합니다. 게임이나 영화 보는 일로 시간을 낭비하지 않게 도와주시옵소서.

또한 성경을 읽는 것과 암송하는 일에 게으르지 않게 도와주소서. 성경 암송이 시간 낭비하는 것이라고 생각되지 않게 그 심령 속에 생각을 주관하시고 다스려 주옵소서. 공부하는 것보다 하나님의 말씀을 가까이 하는 것이 더욱 중요함을 인식하게 도와주옵소서. 예수님의 이름으로 기도드립니다. 아멘

성구/ "외인을 향하여서는 지혜로 행하여 세월을 아끼라" (골 4:5)
중보기도/ 우리가 가끔 불필요한 일로 중요하지 않은 일로 시간을 맥없이 흘려보내지 않도록 우리의 영을 늘 깨워 주옵소서.

적용기도

시간관리의 지혜와 능력을 주소서(7)

모든 시간의 주인이신 하나님!

인생들이 이 땅에 사는 시간이 70이거나 강건하면 80, 90세를 살게 되는데, 하나님의 자녀 된 저희가 게으르지 않고 부지런한 사람이 되기를 원합니다.

우리를 살피시는 성령 하나님!

우리의 몸의 활동이 왕성한 때에 ○○○가 공부하게 하옵시고, 그 시간에 암기력, 이해력, 집중력을 강화시키사 중요한 지식이 습득되도록 역사하여 주옵소서. 휴식이 필요한 때에는 성령 하나님 안에서 평안한 쉼을 취할 수 있도록 도와주옵소서. 중요한 시기에 마음 쓰일 문제의 발생을 막아주옵소서.

특히 주일날은 하나님께 예배하며 주 안에서 안식하도록 ○○○의 마음을 이끌어 주옵소서. 예수님의 이름으로 기도드립니다. 아멘

성구/ "부지런하여 게으르지 말고 열심을 품고 주를 섬기라" (롬 12:11)

중보기도/ 하나님의 자녀들이 주일을 철저히 지킬 수 있기를 기도합니다. 주일에 예배하며 안식하는 것이 우리 삶을 건강하게 하는 것임을 깨닫게 하여 주옵소서.

적용기도

성령 하나님의 보호의 손길(1)

찬양의 하나님!

내 영혼이, 우리 영혼이 주를 우러러 기뻐하며 송축합니다. 주의 지으신 세계를 그려보며 창조주 하나님께 높은 찬양을 드립니다.

우리를 지으시고 만드신 하나님 아버지!

주의 형상대로 지음 받은 우리 가운데 오소서!

주의 자녀들을 기뻐하시며 사랑하시는 우리 하나님!

우리 가운데 늘 계시사 사랑의 눈으로 ㅇㅇㅇ을 늘 바라보시는 주님!

주의 보혈로 ㅇㅇㅇ을 덮어 주옵소서.

ㅇㅇㅇ가 주 안에서 온전한 믿음의 길로 나아가도록 인도하소서.

나쁜 생각, 거짓된 마음, 그릇된 길로 향하는 모든 생각과 걸음은 돌이켜 주사 항상 주의 말씀으로 인도함 받게 하옵소서. 주의 평강의 길로 이끄소서. 주의 십자가의 고난과 영광에 참여케 하옵소서. 오늘도 주님의 손길을 기대하며 예수님의 이름으로 기도드립니다. 아멘

성구/ "나의 평생에 선하심과 인자하심이 정녕 나를 따르리니 내가 여호와의 집에 영원히 거하리로다" (시 23:6)

중보기도/ 수험생 모두가 지금의 어려운 시기를 믿음으로 잘 극복하여 좋은 결과를 얻게 하여 주옵소서.

적용기도

성령 하나님의 보호의 손길(2)

인자와 공의를 베푸시는 주여!

하나님께서 ㅇㅇㅇ을 선택하여 주심을 감사합니다. ㅇㅇㅇ을 지명하여 ㅇㅇㅇ의 하나님 아버지 되심을 감사드립니다. 예수 그리스도의 구속의 은총을 ㅇㅇㅇ의 마음 깊이 감사할 수 있도록 기도합니다.

저희에게 귀한 선물로 허락하셨지만, 저희 힘과 지혜와 경험으로는 ㅇㅇㅇ을 훌륭하게 키울 수 없습니다. 성령 하나님의 특별한 간섭과 손길을 필요로 합니다. 도와주옵소서.

ㅇㅇㅇ가 주의 거룩하심의 부름에 합당한 삶을 살기를 원합니다. 하나님의 말씀과 사랑으로 잘 양육하지 못한 게으름을 회개합니다.

ㅇㅇㅇ가 하나님의 형상을 되찾아 거룩하고 순결한 자가 되게 하옵소서. 언제 어디서나 혹여라도 불의한 일에 개입되지 않게 하옵소서. 거룩하신 예수 그리스도의 이름으로 기도드립니다. 아멘

> 성구/ "하나님이 우리를 구원하사 거룩하신 부르심으로 부르심은 우리의 행위대로 하심이 아니요 오직 자기 뜻과 영원한 때 전부터 그리스도 예수 안에서 우리에게 주신 은혜대로 하심이라" (딤후 1:9)
>
> 중보기도/ 한창 예민하고 호기심 많은 시기를 지나고 있는 우리 자녀들을 불의에서 지켜주옵소서. 날마다 더욱 거룩하여지게 도와주옵소서.

적용기도

성령 하나님의 보호의 손길(3)

거룩하신 하나님!

주의 이름이 거룩합니다. 주의 행하시는 일들이 거룩합니다. 우리가 하나님 아버지를 알게 하사 예배하게 하심을 감사드립니다. 하나님을 아바 아버지라 부르도록 자녀 된 권세를 허락하심 무한 영광입니다.

우리의 피난처 되시며 요새가 되시는 우리 주 아버지 감사합니다. 온 맘과 뜻 다해 주를 경배하기 원합니다. 우리의 맘을 받아주소서.

오늘도 주의 고귀한 보혈로써 우리 가정을 덮어 주옵소서. 어떤 고난도 능히 이길 믿음의 용기를 주사 담대케 하옵소서. 예, 그렇습니다. 믿음이 필요합니다. ㅇㅇㅇ에게 믿음의 은사를 더하사 믿음의 대장부가 되게 하여 주옵소서.

"오직 의인은 믿음으로 말미암아 살리라"는 말씀을 심비에 새겨 요동치 않게 하옵소서. 오직 우리의 의는 예수님 한 분뿐이옵니다. 예수님의 이름으로 기도드립니다. 아멘

성구/ "하나님은 우리의 피난처시요 힘이시니 환난 중에 만날 큰 도움이시라"(시 46:1)
중보기도/ 공부한다고 주일을 어기고 있는 자녀들을 불쌍히 여겨주사 믿음의 은사를 주옵소서. 행여 믿음이 파선되는 일 없기를 간구합니다.

적용기도

성령 하나님의 보호의 손길(4)

찬양과 영광을 하나님께!

우리의 예배를 받으실 분은 오직 하나님 한 분뿐이십니다.

오늘도 주의 평강으로 지켜 주옵소서. 주의 지극한 사랑을 저희로 세상에 전하게 하소서. 주의 말씀은 ○○○의 발에 등이심을 믿습니다. 또 ○○○의 길을 비추는 유일한 빛이심도 믿습니다. 영원토록 유효한 빛이십니다.

빛 되신 주 아버지께 오늘도 ○○○을 의탁 드립니다. 오늘 학교생활 중에 ○○○가 하나님을 기쁘시게 하는 삶이 되도록 기도합니다. 하나님의 뜻을 분별케 도와주옵소서. ○○○의 영을 늘 깨우사 진리의 편에 서게 하소서. 하나님의 온전하신 뜻 안에 늘 머물게 하옵소서. 오늘도 순종하는 믿음으로 함께 하옵시기를 기도드립니다. 진리의 영으로 오늘 자유케 하소서. 공부에 대한 중압감에서 자유케 하옵소서. 자유케 하시는 예수님의 이름으로 기도드립니다. 아멘

> **성구/** "너희가 전에는 어두움이더니 이제는 주 안에서 빛이라 빛의 자녀들처럼 행하라"(엡 5:8)
> **중보기도/** 영원한 빛이신 예수여. 우리 자녀들 심령 속에 생명의 빛을 비추소서.

적용기도 ....

성령 하나님의 보호의 손길(5)

모든 이름 위에 뛰어난 이름은 주 예수 그리스도이십니다. 우리의 구원의 주도 오직 주 예수 그리스도이심을 고백합니다.

진실하시고 성실이 한없으신 우리 아버지! 저희에 대하여 오래오래 참아주시는 하나님께 감사를 드립니다.

사랑의 하나님!

오늘도 건강하게 ○○○가 등교하게 하심을 감사드립니다.

공부가 잘 안되는 날에는 마음이 불안해져서 자신감이 떨어지기도 합니다. 다시 마음을 추스르고 열심히 하려고 애쓰는 ○○○의 마음이 안쓰럽습니다. 부모로서 도와줄 힘이 없습니다. 우리의 하나님! 성령께서 도와주시옵소서. 마음을 불안하게 하는 요인들을 제거시켜 주옵소서. 학교 선생님들께서도 늘 용기와 위로를 주시도록 성령께서 그들에게 감동을 주옵소서. 주눅 들지 않도록 용기를 주시는 예수님의 이름으로 기도드립니다. 아멘

> **성구/** "그런즉 사랑하는 자들이 이 약속을 가진 우리가 하나님을 두려워하는 가운데서 거룩함을 온전히 이루어 육과 영의 온갖 더러운 것에서 자신을 깨끗케 하자"(고후 7:1)
> **중보기도/** 불안한 마음을 평안으로 바꾸어 주옵소서. 수험생들에게 하나님을 의지하게 하시고 안정을 되찾게 도와주시옵소서.

적용기도

성령 하나님의 보호의 손길(6)

지존하신 하나님 아버지!

온 땅이여 온 만물이여 다 일어나 하나님을 찬양하라!

주님 저희로 온 맘과 정성 다해 주님을 찬양하고 사랑하게 하옵소서. 주님 100%의 순도로 순종하는 사람이기를 소원합니다.

우리의 연약함을 먼저 아시고 탄식으로 중보하시는 성령님! 그 중보의 힘으로 오늘도 하루를 엽니다. 하나님의 자녀들이 고통 가운데 있을 때 더 가까이 오시는 주님! 임하소서.

우리 ○○○ 심령 속에 임하여 주옵소서. 지금 학교에서 열심히 수업을 받고 있는데, 공부할 때에 성령의 임재를 경험하게 도와주시옵소서.

하나님의 계획하심을 따라 움직여 주옵소서. 항상 아버지 뜻 안에서 모든 소원이 주의 뜻같이 이루어지게 하옵소서. 공부하는 걸음걸음에 주님이 동행하옵소서. ○○○의 하나님이신 예수님의 이름으로 기도드립니다. 아멘

성구/ "사람이 마음으로 자기의 길을 계획할지라도 그 걸음을 인도하는 자는 여호와시니라" (잠 16:9)

중보기도/ 믿음의 가정에 속한 자녀들에게와 비그리스도인 가정의 자녀 모두에게 예수 그리스도의 계시의 정신으로 열어주옵소서.

적용기도

성령 하나님의 보호의 손길(7)

너무도 좋으신 우리 하나님 아버지!

존귀와 영광을 드립니다. 모든 영광을! 우리에게 가장 좋은 것으로 주시기를 기뻐하시고 즐기시는 하나님 아버지 은혜 감사드립니다.

복의 근원되신 하나님, 오늘도 저희 가정에 복에 복을 더하소서. 믿음의 복으로 더하소서. 주를 깊이 알아가는 은혜의 복으로 더하소서. 주 성령 안에서의 축복된 믿음으로 일관된 삶이 되기를 원합니다.

○○○에게 항상 긍정적 생각으로 자라나길 기도합니다. 비판적인 생각으로 남을 판단하지 않게 도와주시옵소서. 방황하며 어둠에 헤매는 친구들을 위해 기도하고 그들에게 예수 그리스도를 전하게 도와주시옵소서. 하나님의 자녀들이 어떤 어려운 환경 속에서도 굴하지 않고 담대히 모든 문제들과 맞서 싸울 용기를 주옵소서. 무엇이든 성령 안에서 가능케 되는 믿음의 기도를 배우게 하옵소서. 우리의 기도를 들으시는 예수님의 이름으로 기도드립니다. 아멘

> 성구/ "믿음이 없이는 기쁘시게 못하나니 하나님께 나아가는 자는 반드시 그가 계신 것과 또한 그가 자기를 찾는 자들에게 상 주시는 이심을 믿어야 할지니라"(히 11:6)
> 중보기도/ 100% 순종의 믿음으로 나아가는 복을 얻게 하소서. 우리 자녀들에게!

적용기도

성령 하나님의 보호의 손길(8)

영광의 주 하나님! 피곤한 자에게는 능력을 주심에 감사드립니다. 오늘도 주의 크신 능력으로 함께 하옵소서.

주의 의뢰하는 자녀들에게 주의 얼굴을 비추소서. 우리의 의뢰자 되신 하나님! 무능한 저희 부부에게 성령의 능력을 더하소서. 주의 힘으로 오늘의 시험을 이기게 하소서.

이 세상 살아가는 동안 어떤 두려움도 휩싸이지 않고 결코 두려움이란 덫에 빠지지 않게 하옵소서. 아무것도 염려하지 않게 하소서. 세상에 악한 영이 주는 두려움을 거절합니다. 주의 이름으로! 불같은 시험들도 두려워하지 않았던 다니엘의 세 친구들처럼 두려움에서 자유하게 하옵소서.

예수 그리스도를 떠나지 않는 저희 되게 하옵소서. 하나님을 기쁘시게 할 믿음을 오늘도 허락해 주시옵소서. 예수님의 이름으로 기도드립니다. 아멘

> **성구/** "두려워 말라 내가 너와 함께 함이니라 놀라지 말라 나는 네 하나님이 됨이니라 내가 너를 굳세게 하리라 참으로 너를 도와주리라 참으로 나의 의로운 오른손으로 너를 붙들리라" (사 41:10)
> **중보기도/** 불같은 시험이 와도 겁내지 않게 믿음과 말씀으로 이기게 하옵소서.

적용기도 ....

성령 하나님의 보호의 손길(9)

왕이신 우리 하나님!

○○○와 저희의 왕이신 하나님 아버지! 우리를 주 안에서 다스려 주옵소서. 우리의 생각과 뜻과 삶을 주관하여 주옵소서.

우리의 영혼이 주를 갈망하옵나이다. ○○○가 주님을 그리워하고 목말라 합니다. 하나님의 사랑하시는 자녀 ○○○가 주를 향해 달려가오니 힘껏 안아주옵소서. 주의 주신 힘이 강하게 느껴지도록 임재하여 주옵소서.

공부하기에 바쁜 시간에도 남을 배려할 줄 아는 마음 주심을 감사합니다. 어려움에 처한 친구를 위로하고 도울 힘 주심을 감사드립니다.

주변의 사람들에게 사랑과 인정받게 하심도 감사드립니다. 더욱 선을 베풀 능력을 주옵소서. 능하신 주의 손아래 겸손하게 하옵소서. 겸손의 주 예수 그리스도의 이름으로 기도드립니다. 아멘

성구/ "사랑하는 자여 네 영혼이 잘됨같이 네가 범사에 잘되고 강건하기를 내가 간구하노라" (요삼 2)

중보기도/ 악을 선으로 이기는 믿음을 30배, 60배, 100배로 더하여 주옵소서.

적용기도 _____

성령 하나님의 보호의 손길(10)

사랑의 하나님!

하나님의 자녀들을 지극히 사랑하시어 아껴보시며 품 안에 지켜주시는 하나님 아버지 감사합니다.

우리 죄인들을 구원하시고 때를 따라 복 주시는 하나님! 또한 친구라 칭하여 주실 만큼 사랑하시는 은혜에 감사하며 노래합니다.

하나님께서 귀한 선물로 주신 ○○○가 친구와의 사귐을 주께 맡기기를 원합니다. 친구들과의 우정을 소중히 함을 감사드립니다. ○○○에게 불친절하게 대하는 친구에게 끝까지 참아낼 수 있는 인내의 능력을 베푸소서. 주님을 뜨겁게 사랑하고 주께 헌신하고 섬김의 도를 깨닫고 실천하는 믿음의 친구들을 만날 기회를 허락하옵소서.

악한 영에 이끌려 악한 영향력을 끼치는 자들이 ○○○에게 가까이 오지 않게 도와주옵소서. 악을 도모하자고 접근하는 자가 있더라도 단호히 거절할 용기를 주소서. 은혜의 주 예수님의 이름으로 기도드립니다. 아멘

> 성구/ "노를 품는 자와 사귀지 말며 울분한 자와 동행하지 말지니 그 행위를 본받아서 네 영혼을 올무에 빠질까 두려움이니라"(잠 22:24~25)
>
> 중보기도/ 믿음의 친구들을 많이 만날 기회를 허락하옵소서. 악한 영의 속임에 걸려들지 않게 눈동자처럼 보호하여 주옵소서.

적용기도

입시에 대한 중압감에서 해방시켜 주시도록

사랑의 주님! 능력의 주님!

모든 것을 가능하게 하시는 하나님의 능력을 의지하여 오늘도 귀한 선물 ○○○을 주님께 맡깁니다. 입시에 대해 마음이 답답해지고 무거울 때면 즉시 주님을 의지하여 기도하게 하옵소서.

수고하고 무거운 짐을 내게 맡기라고 하시는 주님! 저희들은 ○○○을 어떻게 도와줘야 할지 몰라 당황스럽습니다. ○○○가 자신의 무거운 짐들을 주께 맡겨 주의 인도하심을 받을 수 있도록 기도합니다. 모든 시험(모의고사, 중간고사, 기말고사, 논술고사, 수능 등등)에 대한 중압감에서 벗어나도록 도우시기를 성령님께 간구합니다.

○○○로서는 최선을 다하게 하소서. 마음의 짐을 주 앞에 내려놓고 마음이 비워지도록 도우소서. 하루하루 그 날에 해야 할 몫만 잘 감당하도록 힘을 주소서. ○○○의 길을 예비하시는 예수 그리스도의 이름으로 기도드립니다. 아멘

성구/ "너희 중에 누가 염려함으로 그 키를 한 자나 더할 수 있느냐"(마 6:27)

중보기도/ 수능에 대한 부담감으로 마음이 무거운 어린 자녀들을 불쌍히 여기사 주께 맡기는 기도를 배우게 하소서.

적용기도

조급한 마음에 여유로움을 위해

인자와 긍휼을 한없이 베푸시는 하나님 아버지!

거룩하신 주의 이름 앞에 무릎 꿇어 기도합니다. 우리의 기도에 언제나 귀 기울여 주시고 작은 것에도 관심 있게 응답하여 주시는 하나님 아버지께 감사드립니다. 우리 기도를 응답해 주시기를 즐겨하시는 하나님께 오늘도 ○○○을 의탁 드립니다.

시험 날이 가까이 다가오니 ○○○의 마음이 다급해짐을 봅니다. 조급한 마음이 ○○○를 짓누르는 일 없기를 미리 기도합니다. 약간의 긴장은 하되 너무 조급해져 공부하는 데에 방해되는 일이 없도록 성령 하나님, 지켜주옵소서.

마음에 안정을 주시고 평안케 인도하여 주옵소서. 풍랑 중에도 고요히 기도하시는 주님! 아예 깊은 잠이라도 주무시는 주님의 평안을 허락하옵소서. ○○○을 평안케 하시는 예수 그리스도의 이름으로 기도드립니다. 아멘

> 성구/ "예수께서 이르시되 어찌하여 무서워하느냐 믿음이 적은 자들아 하시고 곧 일어나사 바람과 바다를 꾸짖으신대 아주 잔잔하게 되거늘" (마 8:26)
> 중보기도/ 수험생들을 짓누르는 조급한 영의 역사를 무력화시키소서. 마음의 여유를 주옵소서.

적용기도

짜증이 습관화 되지 않도록

만왕의 왕 예수 그리스도는 평화의 왕이십니다.

거룩하신 주가 사람의 모습으로 이 땅에 오심은 죄인들을 살리려 하심입니다. ○○○의 죄를 대속하사 십자가에서 말할 수 없는 고초와 고통으로 구속의 사랑을 펼치신 주님께 감사 찬양을 드리며 오늘도 주 의지하여 기도합니다.

○○○가 공부가 잘 되지 않을 때, 어려운 문제가 잘 풀리지 않을 때, 암기력이 떨어져 잘 외워지지 않고 이해되지 않을 때면 짜증을 내곤 합니다. 그러나 그 짜증이 오래오래 가지 않기를 기도합니다. 또한 그 짜증이 늘 반복되어 습관으로 굳어지지 않기를 기도합니다. 병아리가 계란을 스스로 깨고야 바깥 세상 구경을 할 수 있듯이 어려운 과제들을 끝까지 풀어내는 인내심을 발휘하게 도와주시옵소서. 어려움을 늘 극복할 때 성취감도 느끼게 하여 주옵소서. 끝까지 인내로 참아 주시는 예수님의 이름으로 기도드립니다. 아멘

성구/ "그리하면 모든 지각에 뛰어난 하나님의 평강이 그리스도 예수 안에서 너희 마음과 생각을 지키시리라" (빌 4:7)

중보기도/ 짜증이 습관화되기 전에 성령 하나님 도우시사 마음에 평온함을 주옵소서. 다시 도전할 힘을 주옵소서. 끝까지 인내하게 도와주옵소서.

적용기도

스트레스를 건전하게 풀도록

승리의 하나님! 우리 삶 속에서 찬양을 원하시는 하나님!

높고 푸른 하늘이 너무도 맑습니다. 청록의 우거진 숲을 주신 하나님 감사합니다. 우리나라가 얼마나 복 받은 나라인지요!

○○○가 가끔 푸른 하늘을 보며 깊게 호흡을 가다듬기 원합니다. ○○○가 공부할 것이 밀려 힘들고 스트레스 쌓일 때 믿음 안에서 빛의 자녀답게 건전한 방법으로 해결할 수 있기를 기도합니다.

가까이 있는 사람들에게 피해를 입히는 행동을 하지 않기를 원합니다. 부모 된 저희들은 하나님 아버지 마음으로 조용히 바라볼 수 있기를 또한 기도드립니다.

○○○가 주의 몸된 성전에서 마음껏 찬양하고 기도하는 사이에 모든 스트레스는 날아가 버릴 줄 믿습니다. ○○○에게 성령의 새바람을 불어주소서. 예수 그리스도의 이름으로 기도드립니다. 아멘

> **성구/** "소망의 하나님이 모든 기쁨과 평강을 믿음 안에서 너희에게 충만케 하사 성령의 능력으로 소망이 넘치게 하시기를 원하노라" (롬 15:13)
> **중보기도/** 스트레스를 이기지 못해 영육간의 허약해진 자녀들에게 주를 바라보는 지혜를 주소서. 새 힘을 주옵소서.

적용기도

친구관계가 늘 원만하도록

사랑이 풍성하신 하나님 아버지!

이스라엘 백성들이 하나님의 미워하시는 우상숭배와 성적 타락과 배반과 원망을 밥 먹듯 할 때에도 부지런히 부지런히 선지자들을 보내시사, 말씀을 전하게 하시고 끝까지 사랑하시기를 성실히 하셨나이다.

그러나 저희들은 이웃 사랑 하는 일에 너무도 소극적일 때가 많습니다. 때로는 자녀들 앞에 부끄러울 때도 있습니다. 다행하게도 ○○○가 친구를 사랑하고 배려하며 어떤 때엔 돕기를 자원하는 마음을 갖게 된 것에 감사드립니다. 자신이 손해 보더라도 한 발짝 뒤로 물러서 양보하는 센스가 있어 다행입니다. 친구를 사랑하는 아름답고 고운 마음이 더욱 성장하고 성숙하도록 ○○○의 하나님 역사하여 주옵소서. 아름다운 사랑을 많이 베푸는 리더십의 능력이 자라도록 훈련시켜 주옵소서.

사랑의 이름 예수 그리스도의 이름으로 기도드립니다. 아멘

> 성구/ "사람이 친구를 위하여 자기 목숨을 버리면 이에서 더 큰 사랑이 없나니"(요 15:13)
> 중보기도/ 친구를 위해 늘 기도하며 사랑하는 자녀가 되게 하옵소서. 사랑의 마음을 넉넉히 넓혀 주옵소서. 깊게도 하옵소서.

적용기도

선생님들과 관계가 더욱 좋아지도록

정의의 하나님! 진실하시고 신실하신 주님! 어제나 오늘이나 변함없이 사랑을 베푸시는 아버지! 인자와 공의도 나타내시는 하나님! 검은 것을 희다 할 수 없으신 하나님! 심은 대로 거두게 하시는 하나님 아버지!

저희 가정은 늘 성령 안에서 영생을 위하여 심는 자들이 되게 하옵소서. ○○○가 학교에서 선생님들께 인정받고 칭찬받게 하심을 감사 드립니다. 더욱 겸손한 학생이 되게 하소서. 선생님들께 감사하고 존경하는 마음을 갖게 하옵소서. 선생님들 기억 속에 ○○○가 늘 좋은 학생으로 고마운 학생으로 남게 하옵소서. 선생님들과 항상 좋은 관계가 유지되도록 함께 하옵소서. 불미스런 일이나 마찰이 일지 않도록 모든 일에 성령 하나님 도와주옵소서. ○○○의 주님 예수님 이름으로 기도드립니다. 아멘

> 성구/ "형제를 사랑하여 서로 우애하고 존경하기를 서로 먼저 하며" (롬 12:10)
> 중보기도/ 진로에 대한 좋은 조언을 해 주실 선생님을 만나게 해 주시고 주의 자녀들이 선생님들께 불손한 행동을 하지 않도록 간섭하여 주옵소서.

적용기도

선생님 관계에서 신뢰가 생기도록

온 세상과 우주 만물을 다스리시는 하나님 아버지! 감히 하나님을 아버지라 부르게 됨을 무한 감사드립니다. 계산할 수도 측량할 수도 없는 하나님, 주의 광대하심을 찬양 드립니다. 그 하나님께 늘 순순히 순종하는 삶을 살기 원합니다. 주의 도우심을 구합니다.

죽음을 이기시고 살아나신 주님! ㅇㅇㅇ가 선생님들을 신뢰하고 늘 궁금한 것들에 대해 스스럼없이 질문할 수 있는 환경이 되도록 기도합니다. 친절한 선생님들이 ㅇㅇㅇ 주변에 많이 계시기를 기도합니다. 질문을 할 때 꼭 필요한 질문을 하게 하시고 가능한 많이 하기를 원합니다. 혹 야단을 맞더라도 선생님들을 원망하지 않고 욕하지 않게 하여 주옵소서. 더 나아가 감사할 조건을 찾게 하시고 넓은 마음을 갖게 도와주옵소서. 그리스도인 선생님들의 많은 노력이 있게 역사하여 주옵소서. 예수님의 이름으로 기도드립니다. 아멘

성구/ "이 백성이 입술로는 나를 존경하되 마음은 내게서 멀도다"(마 15:8)
중보기도/ 모든 중 고등학교에서 근무하시는 기독교인 교사들에게 하나님 사랑, 학생 사랑을 실천할 수 있도록 주관하여 주옵소서. 함께 하옵소서.

적용기도

주일 성수를 위해서

주일은 주 안에서 안식하며 주 하나님께 예배드리는 거룩한 날입니다. 주일의 주인이신 하나님께 온 맘과 온 정성을 다해 찬양과 사랑을 드리는 날입니다. 온전한 믿음으로 하나님을 기쁘시게 해 드리며 예비하신 복을 받는 날입니다.

복의 근원되신 하나님께 찬양 드립니다. 이 귀한 날, 복된 날을 시험 공부한다는 핑계로 지키지 못한다면, 이것은 주의 날을 범하는 것입니다. 그러하오니 예배드림보다 공부가 최우선이 되지 않게 하여 주옵소서.

한 주간을 우리를 위해 살도록 허락하시고 주일 한 날을 쉬게 하심은 결국 우리를 위한 것임을 알게 하소서. 주일을 잘 쉬는 것은 일주일을 활기차게 보낼 수 있는 것이 됨을 깨닫게 하옵소서. 예수님의 이름으로 기도드립니다. 아멘

성구/ "안식일을 기억하여 거룩히 지키라" (출 20:8)
중보기도/ 믿음의 가정의 자녀들이 공부하는 동안(대입고시) 믿음이 떨어지지 않게 지켜 주옵소서. 주일을 여전히 거룩하게 지키게 하여 주옵소서.

적용기도

가족 간의 원만한 대화를 위해서

우리와 만나시기를 기뻐하시는 주 하나님 아버지!

저희들은 늘 주님과 교통하기를 원합니다. 기뻐합니다.

하나님 아버지 사랑 안에 만들어진 우리 가족이 늘 주 안에서 교통되기를 기도합니다. 서로 바쁜 나머지 가족 간의 대화가 소홀해질 때가 많습니다. 서로 노력하여 틈이 생기지 않도록 힘쓰게 하여 주옵소서. 틈틈이 서로 챙겨주며 인정하고 위로하는 가족이 되게 하여 주옵소서.

ㅇㅇㅇ에게 마음 상할 일 없기를 바랍니다. 서로 의견이 맞지 않을 때 서로 화를 내지 않고 상대방의 말을 성실히 듣고 이해하려고 노력하게 하여 주옵소서. 서로 원망하다가 대화가 단절되는 죄를 범하지 않도록 우리 가족 모두에게 은혜를 베풀어주소서. 성령과의 교통을 원하며 예수 그리스도의 이름으로 기도드립니다. 아멘

> **성구/** "대저 패역한 자는 여호와의 미워하심을 입거니와 정직한 자에게는 그의 교통하심이 있으며" (잠 3:32)
> **중보기도/** 가족과의 관계에서 서로가 늘 정직하도록 하여 주옵시고, 좀더 이해하고 참아주는 가족이 되게 하여 주옵소서.

적용기도 ....

진솔한 대화를 하기 위해

정직한 자를 도우시며 형통케 하시는 우리 주 하나님!

우리 안에 정직한 영을 새롭게 하여 주옵소서. 거짓된 모든 혀를 금하여 진실을 말하게 하여 주옵소서. 서로 비방하는 것이 없으며 속이는 것이 없도록 인도하여 주옵소서.

할 말을 마음에 담아두고 고민하다가 미움으로 원망으로 발전되는 어리석음을 면하게 하여 주옵소서. 꼭 해야 할 말이 조심스런 것이면 충분히 생각하고, 정리하여 침착하게 솔직히 말하는 기술을 배우게 하소서.

미움의 마음으로 내뱉는 말들은 곧잘 비수가 되어 상대방의 마음에 상처를 냅니다. 그러므로 저희 가족들도 그날의 미움은 그날에 풀게 하여 주소서. 분을 내더라도 해 지기 전 풀리도록 역사하여 주옵소서. 언어를 주신 주 예수 그리스도의 이름으로 기도드립니다. 아멘

> **성구/** "원수를 갚지 말며 동포를 원망하지 말며 이웃 사랑하기를 네 몸과 같이하라 나는 여호와니라" (레 19:18)
> **중보기도/** 거짓된 마음과 혀를 회개합니다. 주의 자녀들에게 정직한 영으로 역사하사 정함이 없는 기도에서 벗어나게 하옵소서.

적용기도

긍정적인 대화를 위해

우리의 창조주 하나님! 우리 찬양 속에 거하시는 하나님 아버지!

우리의 마음에 주께 향한 사랑의 열정이 더욱 순수해 지도록 도와 주시옵소서.

무에서 유를 창조하시는 하나님! 죽은 자도 살리시고, 성령 안에서 무엇이든 가능케 하시는 능력의 하나님!

저희가 하나님 자녀답게 살기 원하여 기도합니다. 부정한 언어를 고치사 긍정의 말을 할 수 있도록 이끄소서. 경건한 언어가 자연스럽게 오갈 수 있는 가족이 되게 도와주소서. 실수하더라도 또다시 경건의 언어 훈련이 연습되도록 도전하게 하소서. 모든 일마다 긍정의 사고력을 갖게 하옵소서.

살아 계신 성령 하나님! 천지 우주 만물을 말씀으로 창조하신 주 하나님! 우리 언어에도 창조력을 주옵소서. 믿음의 말로 대화하기 원합니다. 예수님의 이름으로 기도드립니다. 아멘

성구/ "무릇 내 이름으로 일컫는 자 곧 내가 내 영광을 위하여 창조한 자를 오게 하라 그들을 내가 지었고 만들었느니라" (사 43:7)

중보기도/ 부정적인 사고의 틀을 깨뜨려 주옵시고 긍정의 사고의 틀로 만들어 주옵소서.

적용기도

발전적인 대화를 위해

믿음 소망 사랑을 주신 하나님 아버지께 찬송과 감사를 드립니다.

믿음의 가정들에게 날마다 성장하고 성숙하는 믿음으로 허락하여 주옵소서. 우리 가족이 서로 믿음으로 화합하며 연합하게 하소서. 그리하여 대화가 성숙해 지기를 원하며 기도합니다. 날마다 그리스도를 닮아가는 모습을 서로가 볼 수 있기를 소원합니다.

가족의 대화의 폭이 한층 더 넓어지게 하여 주옵소서.

가난한 이웃을 돌아보고, 걱정해주고 도와주는 일로 대화가 이루어지게 하옵소서.

뉴스를 보면서 서로 나라를 위해 기도하게 하옵소서. 나 중심에서 상대방 중심으로 대화의 중심을 잡게 하소서. 좋은 말을 심고 사랑의 말을 심어 서로가 위로가 되고 힘이 되는 우리 가족 되게 하옵소서. 예수님 이름으로 기도드립니다. 아멘

> **성구/** "생명을 사모하고 장수하여 복 받기를 원하는 사람이 누구뇨 네 혀를 악에서 금하며 네 입술을 궤사한 말에서 금할지어다" (시 34:12-13)
> **중보기도/** 주 성령님, 우리의 언어가 날마다 고상하여지고 아름다워지도록 도와주옵소서.

적용기도

치료의 대화를 위해

치료하시는 하나님! 여호와 라파!
오늘도 우리들을 치유하소서. 우리의 부정한 혀와 입술을!
우리가 강건하고 완전해지기를 원하시고 치료하시며
도우시는 하나님 아버지, 감사드립니다.

우리 가족이 주 안에서 더욱 영, 혼, 육이 강건해지도록 은혜 내려 주소서.

가족이 서로 만날 때 대화를 통해 서로의 마음이 시원해지고, 마음의 병들이 치료되는 은혜를 입혀 주옵소서. 나를 높이는 마음과 자세를 버리게 하소서. 생색내는 말을 자제하며, 상대방 마음을 살피고 읽을 수 있는 여유를 주옵소서. 서로가 따뜻한 마음으로 바라보고 이야기 할 때, 훈기가 돌며, 서로의 마음들이 환해질 수 있다고 믿습니다. 치료의 하나님, 항상 우리의 대화에 임재해 주시고 영의 대화로 이끌어 주옵소서. 예수님의 이름으로 기도드립니다. 아멘

> 성구/ "무릇 지킬 만한 것보다 더욱 네 마음을 지키라 생명의 근원이 이에서 남이니라" (잠 4:23)
> 중보기도/ 치료의 하나님, 저희들의 마음의 상처를 고쳐주시고 사랑의 말로 이웃에게 위로의 말을 하게 하옵소서.

적용기도

진로에 대한 재결정에 대하여

"여호와는 나의 목자시니 내게 부족함이 없으리로다"
우리의 목자되신 하나님 아버지 감사합니다.

주의 말씀은 우리로 생명을 얻게 했습니다. 우리에게 생명을 주신 주여, 주님을 의지하며 오늘의 양식을 구합니다. 하루 살아갈 동안 의지할 말씀 허락하옵소서.

○○○가 진로에 대하여 다시 한 번 깊이 생각하는 시간을 갖고자 합니다. 아직 시간이 조금 남았을 때에 심사숙고 하는 것도 현명한 일이라 생각합니다. ○○○가 자신이 무엇을 해야 할지 또 무엇을 먼저 해야 할지를 고민하고 있습니다. 최종 결정을 내리기까지 주의 도움을 구합니다. 탁월한 선택을 하게 하셨다라고 고백하도록 인도하여 주옵소서.

하나님의 비전을 확실히 이루기 위해 지혜로운 분별과 통찰력으로 이끌어 주옵소서. 예수님의 이름으로 기도드립니다. 아멘

> **성구/** "나로 깨닫게 하소서 내가 주의 법을 준행하며 전심으로 지키리이다"(시 119:34)
> **중보기도/** 지금까지의 진로 결정에 있어 미흡한 점을 발견하고 정확한 수정이 있도록 도움을 주옵소서.

적용기도

시험 대비 능력을 위해

인자하신 하나님!

주의 얼굴을 구합니다. 천지가 주의 명하신 대로 지금도 운행되고 있음을 찬양합니다. 우리가 이 세상 사는 동안 만나는 여러 가지 시험들이 있습니다. 죄의 유혹이 주변에 너무도 많은 세상입니다. 미리 죄를 이길 힘을 주옵소서. 세상이 부르는 대로 달려가는 어리석은 자들처럼 살지 않도록 늘 말씀을 사모하게 하여 주옵소서.

시간이 흐를수록 초조해 질 수 있는 시간에 주님을 더욱 의지하게 하여 주옵소서. 시험공부를 어떻게 해야 할지 잘 파악할 수 있기를 기도합니다. 과목마다 공부하는 방법이 다르므로 문제를 이해하는 능력을 더하여 주옵소서. 많은 문제를 풀어보고, 다뤄보도록 성실함으로 함께 하여 주옵소서. 공부해야 할 것이 많으므로 지혜가 필요합니다.

○○○와 동행하여 주옵소서. 예수님의 이름으로 기도드립니다. 아멘

> 성구/ "우리 가운데서 역사하시는 능력대로 우리의 온갖 구하는 것이나 생각하는 것에 더 넘치도록 능히 하실 이에게" (엡 3:20)
> 중보기도/ 자녀들에게 도전의식이 생기도록 자극을 주옵소서. 하나님 자녀들에게 꿈을 주옵소서. 시험을 푸는 능력이 날마다 키워지도록 인도하여 주옵소서.

적용기도

순발력

성실이 한없으신 하나님!

졸지도 주무시지도 않으시고 하나님의 백성들을 돌보시고 키워주시는 은혜 감사드립니다.

부지런히 주의 일꾼을 찾으시는 주여! 주님의 부지런한 종이 되기를 원합니다. 우리의 지체를 의의 병기로 하나님께 드려지도록 도와주옵소서.

지혜의 하나님! 문제를 풀 때에 순발력이 생기도록 기도합니다. 문제의 핵심을 정확히 이해하도록 도와주옵소서. 문제를 침착하게 읽으면서 문제의 답을 요구하는 부분을 정확히 진단하며 정답을 쓸 수 있는 능력을 주옵소서. 이 세상 살아가는 데 필요한 많은 지식과 상식들을 습득할 수 있는 자가 되게 하여 주옵소서. 지혜의 근본은 여호와를 경외하는 데에 있으므로 ○○○가 성령님과의 깊은 교통을 이루도록 간청 드립니다. 예수님의 이름으로 기도드립니다. 아멘

> **성구/** "푯대를 향하여 그리스도 예수 안에서 하나님이 위에서 부르신 부름의 상을 위하여 좇아가노라" (빌 3:14)
>
> **중보기도/** 시험 볼 때에 순발력이 뛰어나게 하옵소서. 옳은 일을 행할 때에도 순발력이 뛰어나게 역사하여 주옵소서.

적용기도

자신감을 갖기 위해

이 땅의 어느 신보다 가장 크시고 크신 우리 주 하나님을 찬양하며 경배 드립니다.

어려울수록, 힘들수록, 고통과 고난이 와도 더욱더 주님을 찬양하며 감사할 수 있는 깊은 영성을 주옵소서. 주님을 더 많이 닮아가는 유익한 시간들이 되도록 함께 하여 주옵소서. 주변의 환경들이 ○○○에게 자신감을 떨어뜨리는 조건이 되지 못하도록 ○○○의 마음에 주님이 동행하여 주옵소서. 자신에게 담대하라고 말씀하시는 주님의 음성을 듣고 사랑한다는 말씀도 듣게 하옵소서. ○○○가 순간순간 기도하도록 성령님 역사하여 주옵소서. 주님이 함께 함을 아는 순간 모든 자신감은 회복될 줄 믿습니다.

인간의 욕심으로 최고대학, 유명한 대학을 가고자 함이 아니오니 마음의 평안함을 주옵소서. 예수님의 이름으로 기도드립니다. 아멘

> **성구/** "내가 네게 명한 것이 아니냐 마음을 강하게 하고 담대히 하라 두려워 말며 놀라지 말라 네가 어디로 가든지 네 하나님 여호와가 너와 함께 하느니라 하시니라" (수 1:9)
> **중보기도/** 자신감이 결여되어 있는 수험생들에게 성령의 음성을 듣게 하소서. "내 사랑하는 ○○○야, 담대하라"

적용기도

스스로 공부하는 자녀에게 성령의 함께 하심을(1)

처음부터 스스로 계신 하나님! 시작도 끝도 없으신 하나님! 너무도 광대하여 생각조차 할 수 없으신 하나님! 우리 하나님!

이 세상을 다스릴 수 있을 만큼의 큰 지혜를 가지고 계신 분! 송축합니다. 주의 이름을!

○○○가 학원이나 과외수업을 받지 않고 스스로 공부할 때에 효과적인 공부방법을 깨닫게 하여 주옵소서. 성령님께서 스승이 되어 주시사 혼자 공부해도 잘 할 수 있는 능력이 키워지게 역사하여 주옵소서. 게으르지 않고 부단히 노력하는 ○○○가 되게 하여 주옵소서. 하나님을 의지하고 주께 감사하고 성령님을 묵상할 때 성령님의 임재를 경험하게 하옵소서.

믿음의 지혜와 믿음의 용기가 있는 자가 되게 하여 주옵소서. 항상 여호와 경외하기를 쉬지 않게 하옵소서. 귀하신 주여! 예수님의 이름으로 기도드립니다. 아멘

> **성구/** "그러므로 내가 너희에게 말하노니 무엇이든지 기도하고 구하는 것은 받은 줄로 믿으라 그리하면 너희에게 그대로 되리라" (막 11:24)
> **중보기도/** 하나님께 예배드림이 항상 우선인 크리스천 수험생들이 되게 하옵시고, 쉬지 않고 기도하는 힘 있는 자들이 되게 하옵소서.

적용기도 _____

스스로 공부하는 자녀에게 성령의 함께 하심을(2)

　능력의 하나님! 이 땅의 그 어느 신도 하나님을 따를 수 없습니다. 산 자의 하나님! 모든 것에 능하신 주님 의지하여 오늘도 ○○○을 주께 의탁 드리오니 맡아 주관하여 주옵소서. 우리 ○○○가 성령님의 능력 힘입어 오늘도 씩씩하게 공부 열심히 하게 하여 주옵소서. 주변의 친구들에게 용기를 주고 위로를 주는 아이가 되게 하옵소서.

　오늘 공부해야 할 학습에 능률이 오르도록 성령님, 지혜로 함께 하여 주옵소서. 공부에 필요한 좋은 아이디어가 많이 떠오르게 도와주옵소서. 잘 메모하여 계속 활용하는 순발력도 함께 하옵소서. 학교에서 도움을 줄 수 있는 선생님들을 만나게 하시고, 쉬는 시간에 도움을 요청하는 용기를 주옵소서. 자신보다 못한 친구들에게 늘 친절한 자가 되게 하옵소서.

　예수님의 이름으로 기도드립니다. 아멘

성구/ "여호와를 경외하는 것이 지식의 근본이어늘 미련한 자는 지혜와 훈계를 멸시하느니라"(잠 1:7)
중보기도/ 공부하는 재미가 날마다 더하여 지게 역사하여 주옵소서.

적용기도

스스로 공부하는 자녀에게 성령의 함께 하심을 (3)

하나님을 찾는 자들에게 나타나 주시는 하나님!
신령과 진정으로 예배하는 자를 찾으시는 하나님!

진정한 예배자가 되기를 원합니다. 솔로몬의 일천 번제를 기쁘게 받으시고 복을 주신 하나님! 그에게 누구도 흉내 낼 수 없는 큰 지혜를 주신 하나님!

저희 ○○○에게 하나님을 알게 하시고, 믿게 하심을 감사드립니다. 영광 드립니다. 이 세상 지식을 다 안다 해도 하나님을 모르면 아무 유익이 없음을 압니다. ○○○가 하나님을 사랑하게 하심을 감사드립니다. ○○○가 공부하기로 정해진 시간에는 틀림없이 공부하게 인도하여 주옵소서. 때때로 게으름을 피우고 싶은 마음이 들 때엔 성령님 그 마음을 다스려 주옵소서. 그러나 예배시간에는 철저히 예배에 열중하기를 원합니다.

예배를 받으실 분은 하나님뿐이십니다. 예배의 주인 되신 예수님의 이름으로 기도드립니다. 아멘.

> **성구/** "내 말하는 것을 생각하라 주께서 범사에 네게 총명을 주시리라" (딤후 2:7)
>
> **중보기도/** 하나님 아버지, 주의 자녀들도 공부하기 전에 말씀을 읽거나 묵상하거나 암송하는 습관이 있도록 가르쳐 주옵소서.

적용기도 ....

건강관리를 위해(1)

생사화복을 주관하시는 하나님 아버지!

우리가 욕심을 버리기를 원합니다. 특히 먹는 욕심 없게 하여 주옵소서. 너무 많이 먹어서 건강에 해를 당하지 않도록 늘 주의하게 되기를 원합니다. 우리 사람으로서 지켜야 될 일들, 할 수 있는 일들을 게을리 하지 않기를 간구합니다. 오랜 시간 책상에 앉아 있다보면 몸이 약해지고 피곤해집니다. ○○○가 틈틈이 운동을 해야 되겠다고 다짐하고 먼저 마음을 잘 다스리고, 호흡을 가다듬어 체조나 그 시간에 가능한 운동을 하게 하옵소서. 계획만하는 것이 아니라 실천할 수 있게 도와주옵소서. 벌써부터 더워지고 있는데 식중독에 걸리지 않도록 하시고, 상한 음식을 피할 수 있도록 보호하여 주옵소서. 예수님의 이름으로 기도드립니다. 아멘

성구/ "사랑하는 자여 네 영혼이 잘됨같이 네가 범사에 잘되고 강건하기를 내가 간구하노라" (요삼 2)

중보기도/ 하나님 아버지, 아이들이 자신의 몸을 보호하고 지킬 수 있도록 도와주옵소서. 운동을 적당히 하는 습관이 길러지도록 함께 하옵소서.

적용기도

건강관리를 위해(2)

우리의 강건함을 원하시고 바라시며 지켜주시는 하나님!

우리의 영과 혼과 육이 강건한 복을 얻도록 성령 하나님 역사하옵소서.

지금까지 ○○○가 하나님의 은혜로 건강하게 잘 자라게 하심을 감사합니다. ○○○가 학교 급식을 받고 있습니다. 학교 급식에 많은 문제가 발생한다는 뉴스를 듣고 있습니다. ○○○가 다니는 학교의 주방에서 수고하시는 분들이 청결을 철저히 지키게 하옵소서. 학교 당국에서 늘 관심을 기울이게 하여 주옵소서. 철저한 위생관리가 이루어지도록 위하여 기도합니다. 소독을 잘 하고 좋은 재료를 사용하여 좋은 방법으로 음식이 만들어지게 그들의 마음에 역사하여 주옵소서. ○○○가 길거리에서 불량식품을 사먹지 않는 좋은 습관을 주셔서 감사합니다. 자신의 몸을 함부로 하지 않게 하옵소서. 우리의 보호자되신 예수 그리스도의 이름으로 기도드립니다. 아멘

> 성구/ "내 아들아 들으라 내 말을 받으라 그리하면 네 생명의 해가 길리라"
> (잠 4:10)
> 중보기도/ 하나님의 자녀들과 그들의 친구들이 건강한 사고와 뜻을 품고 건강한 몸으로 가꿔가도록 지도하시고 인도하여 주옵소서.

적용기도 _____

말조심을 위해(1)

창조의 하나님!

지금도 순간순간 하나님의 자녀들 삶 속에서 창조의 역사를 하고 계심을 찬양합니다. 우리 사람들에게 특별히 언어라는 특별한 선물을 주심을 감사합니다. 사람만이 누리는 하나님을 닮은 자들은 아름답고 고상한 언어를 쓰게 됩니다. 하지만 실제로는 하나님이 주신 언어를 가지고 범죄를 하고, 실수를 합니다. 이 특별하고 고귀한 언어를 제대로 사용하지 못합니다. 은혜를 은혜답게 하지 못합니다.

하나님 아버지! 회개합니다. 말로 영혼을 살리고, 상한 자를 위로하고 약한 자를 사랑하기보다는 상처를 주고, 용기를 꺾고 죽이기까지 합니다. 하나님 아버지, 얼마나 모순된 일인지요. 성령 하나님 도와주시사 말조심 하게 하옵소서. 귀한 언어를 잘 사용하게 하옵소서. 주께 부탁드리며, 예수님의 이름으로 기도드립니다. 아멘

> **성구/** "나는 너희의 하나님이 되려고 너희를 애굽 땅에서 인도하여 낸 여호와라 내가 거룩하니 너희도 거룩할지어다" (레 11:45)
> **중보기도/** 모든 그리스도인들이 언행을 삼가 조심히하여 덕을 세우게 하소서. 말로 악을 행하지 않게 하옵소서.

적용기도

말조심을 위해(2)

창조력이 있는 언어를 주신 하나님께 감사 찬송 드립니다.

하나님의 말씀을 의지하여 믿는 맘으로 주께 간구합니다. 하나님의 마음으로, 아비의 마음으로 생각을 품고 성령의 지혜의 말을 고르게 하는 우리 가정 식구들 되게 하소서.

하나님의 자녀들이 창조적 언어를 사용하게 하시고 믿음의 말을 하게 하소서. 곱고 아름다운 말과 사랑하고 위로하는 말을 사용하게 하소서. 급한 마음으로 먹는 생각으로 서둘러 말하다가 실수하는 일들을 간섭하여 주옵소서. 어둠에 속한 자들은 어둠의 언어를 사용합니다. 하나님의 빛의 자녀들은 천국의 언어를 사용해야 합니다.

성령 하나님! ○○○가 말을 할 때 한 번 더 생각하고 말할 수 있도록 역사하여 주옵소서. 천국의 고급언어를 많이 사용하게 하옵소서. 예수님의 이름으로 기도드립니다. 아멘

> 성구/ "너는 하나님 앞에서 함부로 입을 열지 말며 급한 마음으로 말을 내지 말라 하나님은 하늘에 계시고 너는 땅에 있음이니라 그런즉 마땅히 말을 적게 할 것이라" (전 5:2)
> 중보기도/ 거친 말과 생각 없이 하는 무례한 말들을 버리게 하옵소서. 성령의 지혜로 하는 말들을 사용하게 하소서.

적용기도 ....

말조심을 위해(3)

순결하신 하나님!

저희도 순결하며 정직하기를 원합니다. 정직한 영으로 우리에게 오시옵소서. 저희 안에 정직한 영을 주옵소서. 주의 자녀들에게 특히 어린 자녀들을 하나님의 말씀으로 양육해야 될 책임이 있는 우리 부모들에게 순결하며 정직하게 하소서. 우리 부모들이 매사에 긍정적이지 못하고, 부정적 언어를 사용할 때에 영혼에게 미치는 어두움을 몰아내소서. 우리의 영혼이 메말라 피폐해져서 상대방의 마음을 다치게 하고 불행하게 하는 언어로부터 해방시켜 주옵소서.

우리 어른들의 비성서적인 잘못된 언어 습관 때문에 우리의 귀한 자녀들이 해를 당합니다. 자신들도 모르게 저차원적인 언어들에 익숙해집니다. 성령 하나님, 도우소서. 하나님 구하소서. 우리의 부정한 언어를 용서하소서. 회개하오며 은혜를 구합니다. 예수 그리스도의 이름으로 기도드립니다. 아멘

> **성구/** "너희 말을 항상 은혜 가운데서 소금으로 고루게 함같이 하라 그리하면 각 사람에게 마땅히 대답할 것을 알리라"(골 4:6)
> **중보기도/** 진리 편에 서지 못한 모든 언어들이 고침을 받기 원합니다. 우리의 언어에 변화를 주옵소서. 천국의 언어로!

적용기도

부정적인 언어를 고치소서

빛이신 하나님! 어두움이 조금도 없으신 하나님!

우리의 육신의 정욕과 안목의 정욕, 또한 이생의 자랑에서 해방시켜 주옵소서.

성령 하나님!

우리가 은혜를 더하려고 죄를 지을 수 없습니다. 하나님께서 우리로 죄에 대하여 죽게 하시려고 예수 그리스도를 십자가에 못 박으셨나이다. 우리가 하나님 자녀이오니 또한 빛의 자녀들입니다.

성령 하나님!

죄의 습관을 끊게 하소서. 죄의 법에 아직 놓여 있는 자들처럼 여전히 부정적인 저희를 불쌍히 여기소서. 자신을 학대하고 비하하는 언어들, 상대방의 기분을 상하게 하고 넘어지게 하는 언어들을 진정으로 거두어 주옵소서. 예수 안에서 고운 말을 하게 하소서. 살리는 말을 하게 하소서. 예수님의 이름으로 기도드립니다. 아멘

성구/ "나는 너희의 하나님이 되려고 너희를 애굽 땅에서 인도하여 낸 여호와라 내가 거룩하니 너희도 거룩할지어다" (레 11:45)

중보기도/ 우리의 부정한 입술을 용서하옵소서. 다른 사람을 비하하며 학대하는 언어를 고쳐 주옵소서.

적용기도

거슬리게 하는 말

생명의 하나님!

예수 그리스도 안에서 생명의 성령의 법이 죄와 사망의 법아래 있는 우리를 해방시켰습니다. 할렐루야!

우리 그리스도 안에 있는 자들은 은혜 아래 살게 되었습니다. 그러니 이제는 죄에 대하여 죽은 자들입니다.

자유의 하나님!

저희들이 죄를 극복하도록 매 순간마다 간섭하시고 인도하여 주옵소서. 우리가 자녀들을 노엽게 하지 않기를 원합니다. 믿음과 사랑이 성숙되기를 원합니다. 또한 자녀들은 부모의 말에 불순종하지 않게 순종의 능력으로 부으소서. 성령 안에서 자녀들이 순종의 법을 배우게 하옵소서. 서로 분을 내게 하는 말들에서 벗어나게 도와주옵소서. 순간순간을 잘 인내함으로 큰 분란을 막는 기지를 발휘하는 멋진 믿음의 가족들이 되게 하옵소서. 예수님의 이름으로 기도드립니다. 아멘

> 성구/ "입에서 나오는 것들은 마음에서 나오나니 이것이야말로 사람을 더럽게 하느니라" (마 15:18)
>
> 중보기도/ 자기 감정을 늘 앞세우는 자녀들이 이제는 형제와 친구들을 먼저 생각하고 이해하고 양보하는 성숙한 믿음을 주옵소서.

적용기도

분쟁을 일으키는 말

화목의 하나님!

우리와 온 세상의 죄를 위하여 화목제물이 되신 예수님. 사랑합니다. 찬양합니다.

사랑의 하나님! 우리에게 사랑할 수 있는 능력을 주옵소서. 마음속에 악의와 분을 품지 않게 하여 주옵소서. 하나님께 늘 마음을 쏟는 기도를 통하여 마음에 악이 남지 않도록 역사하여 주옵소서.

사랑이 식어져 사랑 없는 말을 통하여 상대방이 실망하고 실의에 빠지게 하는 악순환의 고리가 끊어지도록 성령님, 역사하여 주옵소서. 사단이 우리의 더러운 마음을 이용하고, 이기적 마음을 자극시켜 서로 분쟁을 일으키게 하는 활동들이 무산되게 하소서.

성령님! 거룩하신 주여! 저희 식구 모두에게 성결의 영으로 충만하게 하옵소서. 죄를 미워하게 하옵소서. 거룩하신 예수 그리스도의 이름으로 기도드립니다. 아멘

> **성구/** "유순한 대답은 분노를 쉬게 하여도 과격한 말은 노를 격동하느니라"(잠 15:1)
> **중보기도/** 부모와 자녀 간에, 형제간에 계속되는 분쟁과 갈등을 조장하는 악한 영들에 대해 분별케 하여 주옵소서.

적용기도

인정하고 존중하는 말

임재의 하나님!

성령의 임재하심과 거룩한 기름 부음을 간구합니다.

오늘도 저희 가정에 찾아오셔서 ○○○에게 임하소서. ○○○가 주의 임재 안에 머무는 은총을 허락하여 주옵소서. 서로 불신하는 이 사회 속에서 믿음의 형제들과 자매들은 늘 마음을 같이 하여 그리스도의 사랑을 나타내게 하옵소서. 사랑의 끈으로 한 줄이 되어 서로 인정하며 서로 존중하며 겸손하게 도와주시옵소서. 서로의 이기심과 다툼과 불신 등 악한 것은 어떤 모양이라도 버리게 하옵소서. 성령의 주시는 힘으로만 가능합니다. ○○○와 저희 부부 그리고 어른들 모두 말을 고르게 하는 은혜의 힘을 주옵소서. 서로 인정하는 말에 인색하지 않게 하옵소서. 다만 하나님보다 사람을 높이거나 자랑하지 말게 하옵소서. 인자와 긍휼을 베푸시는 예수님의 이름으로 기도드립니다. 아멘

성구/ "너희 안에 이 마음을 품으라 곧 그리스도 예수의 마음이니" (빌 2:5)

중보기도/ 성도들이 서로 친절하며 겸손하여 그리스도의 사랑을 실천하게 하옵소서. 사랑의 능력을 더하여 주옵소서.

적용기도 ....

온유하고 겸손한 말

겸손의 모범을 보이시는 하나님!

주님의 낮은 마음을 배우기 원합니다. 온유함과 겸손함의 주님을 닮게 하옵소서. 우리를 부유하게 하시려고 스스로 가난하게 되신 주님! 그 놀라운 겸손과 사랑을 감사드립니다.

○○○와 저희도 온유와 겸손한 마음 갖게 하옵소서. 주 의지하여 오늘도 기도합니다. 무슨 일을 하든지 원망이나 시비가 없게 하소서. 나를 세우기보다는 상대방을 세우는 인격의 성숙함이 있게 하옵소서. 주께 기도할 때에 책망 받을 일이 없는 삶이 되도록 인도하옵소서. 또한 늘 진실하여 안과 겉이 같은 사람이 되게 하옵소서. 주변의 불신자들에게 원망 듣는 일 없게 언행을 조심하게 도와주시옵소서. 우리 ○○○와 저희를 주관하시 주 은혜 안에 머물게 하옵소서. 예수님의 이름으로 기도드립니다. 아멘

> 성구/ "사람의 모양으로 나타나셨으매 자기를 낮추시고 죽기까지 복종하셨으니 곧 십자가에 죽으심이라" (빌 2:8)
> 중보기도/ 주 예수님의 온유와 겸손을 성령 안에서 배우고 실천하는 삶이 되게 하옵소서.

적용기도

감사의 말

존귀와 영광을 받으시기에 합당하신 하나님!

주의 이름과 주의 행하신 놀라운 일들을 찬송합니다. 주의 사랑을 찬양합니다. 저희가 성장하고 성숙하도록 훈련하시고 가르치시는 주 아버지 감사합니다.

오래도록 참아주심도 감사합니다. 언제나 주께 드리기에는 너무도 부족한 저의 사랑을 때때로 기뻐하시고 복 주시는 주님 찬양 드립니다.

○○○와 저희 부부와 어른들이 서로서로 감사하는 은혜로운 분위기가 계속되고 풍성해지도록 인도하소서. 부모 된 저희가 먼저 감사하는 표현을 하게 하소서. 표현력이 약한 저희 부부를 긍휼히 여기사 감사의 표현을 진실하게 하소서. 평안하고 좋을 때만 감사할 것이 아니라 어려움 중에서도 슬픈 일이 있을 때도 곤란한 지경에 있을 때에도 감사할 수 있는 삶이 되게 역사하여 주옵소서. 예수님의 이름으로 기도드립니다. 아멘

> **성구/** "이러므로 우리가 하나님께 쉬지 않고 감사함은 너희가 우리에게 들은 바 하나님의 말씀을 받을 때에 사람의 말로 아니하고 하나님의 말씀으로 받음이니 진실로 그러하다 이 말씀이 또한 너희 믿는 자 속에서 역사하느니라"(살전 2:13)
>
> **중보기도/** 기독교 가정의 자녀들이 더욱 많이 감사하고 말과 행동으로 상대방에게 감사의 표현도 많이 하게 역사하옵소서.

적용기도

논술고사를 준비하기 위해(1)

지혜의 왕이신 하나님 아버지! 감사합니다. 오늘의 필요를 채우시는 주님, 감사드립니다.

이 시간은 ㅇㅇㅇ가 글을 잘 쓰기 위하여서 간구합니다. 글을 처음부터 잘 쓰는 천부적 재능이 없더라도 ㅇㅇㅇ가 계속 많은 책을 읽고 글 쓰는 연습을 하게 도와주옵소서. 논리력과 창조력을 향상시켜 주시옵소서. 여러 가지 필요한 정보를 수집하여 여러 가지 주제로 글을 다양하게 써보는 노력을 아끼지 않도록 도와주옵시고, 글을 쓸 때마다 실력이 늘게 하여 주옵소서. 훌륭한 선생님을 만나 첨삭지도를 잘 받도록 인도하여 주옵소서. 부족한 면을 정확하게 진단하고, 발견하여 충분히 보충할 수 있는 지혜도 허락하여 주옵소서.

지혜를 주시는 주여! 예수 그리스도의 이름으로 기도드립니다. 아멘

> **성구/** "지혜가 제일이니 지혜를 얻으라 무릇 너의 얻은 것을 가져 명철을 얻을지니라"(잠 4:7)
> **중보기도/** 논술을 위한 자료수집이 원활히 이루어지도록 주위에서 돕는 자들이 많게 하소서. 글을 쓸 때 꼭 필요한 글, 감동을 주는 글을 쓰게 도와주옵소서.

적용기도

논술고사를 준비하기 위해(2)

우리의 강한 성루가 되신 하나님!

주의 높으신 이름을 찬양합니다. 우리의 위로자 되시며 산성이 되신 하나님! 감사드립니다.

오늘도 기도하옵기는 ○○○가 기말고사 준비와 논술고사에 대비하는 공부를 합니다. 그러므로 주의 은혜를 구합니다. 여러 신문들과 여러 전문 잡지 등을 신속히 읽으면서 주제와 내용을 잘 파악할 수 있는 능력을 주옵소서. 여러 사물을 보는 관찰력과 통찰력이 뛰어나게 하옵시고 깊은 사고력을 증대시켜 주옵소서. 논술을 공부하다 보니 비판적인 능력이 키워지는 반면, 인간관계 속에서도 다소 비판적인 성향을 보이는 ○○○에게 하나님을 경외하는 마음이 흔들리지 않게 하여 주옵소서. 여러 사건을 다양하게 다루는 생각과 눈이 더 총명하게 도와주옵소서. 예수님의 이름으로 기도드립니다. 아멘

성구/ "나 지혜는 명철로 주소를 삼으며 지식과 근신을 찾아 얻나니"(잠 8:12)

중보기도/ 비판적인 생각과 말이 잘못 사용되어져 인간관계에 상처가 나는 일이 없도록 기도합니다.

적용기도

논술고사를 준비하기 위해(3)

나의 반석이요 요새가 되어 주사 늘 피할 곳이 되어 주시는 하나님 아버지! 감사합니다.

ㅇㅇㅇ을 지으시고 기르시는 하나님 아버지! 감사합니다.

주님의 은혜와 자비를 구합니다. 성령의 지혜와 명철을 필요로 합니다. ㅇㅇㅇ에게 예수 그리스도의 마음을 주옵소서. 글을 쓸 때 기독교적인 기본 마음과 자세가 흐트러지지 않게 도와주옵소서.

ㅇㅇㅇ가 쓴 논술을 심사하실 선생님들의 성향들을 잘 파악하게 하여 주옵소서. 인간의 잠재의식 속에 있는 여러 감정들을 잘 감지할 수 있는 능력을 ㅇㅇㅇ에게 허락하여 주옵소서. 남들을 이롭게 하는 생각들을 하게 하옵소서. 글을 쓸 때 글의 내용과 전개방법, 단어선택, 여러 느낌의 표현 등을 잘 묘사하는 능력이 갖추어지게 도와주시옵소서. 예수님의 이름으로 기도드립니다. 아멘

> 성구/ "무딘 철 연장 날을 갈지 아니하면 힘이 더 드느니라 오직 지혜는 성공하기에 유익하니라"(전 10:10)
> 중보기도/ 논술을 잘 할 수 있는 기술이 향상되게 하옵소서. 부족한 부분에서 빠른 진보가 있도록 성령님 도와주소서.

적용기도 ......

논술고사를 준비하기 위해(4)

이 세상의 모든 만물의 주인 되신 하나님! 우리 아버지께 모든 영광을 돌려드립니다.

○○○가 논술에 능한 실력을 갖추도록 살피소서. 열심히 공부한 노력의 대가로 좋은 성과가 있도록 하나님 아버지, 도와주시옵소서. 논술에 필요한 여러 가지 통계 자료와 각계각층의 이슈가 되는 문제들에 대한 내용과 대안을 세울 수 있는 능력을 갖추게 도와주옵소서.

또한 자신의 경험과 타인의 경험들을 논술식으로 정리해보고 써보게 지혜를 주옵소서. 논술고사를 치를 때에 제기되는 문제의 핵심을 정확히 판별하고 기술할 수 있도록 글 쓰는 능력이 키워지기를 간구합니다. ○○○가 가장 잘 쓸 수 있는 문제가 나왔으면 좋겠습니다. 주님! ○○○가 직접적이든 간접적이든 많은 경험을 할 수 있는 기회와 환경을 허락하여 주옵소서.

예수님의 이름으로 기도드립니다. 아멘

성구/ "너는 청년의 때 곧 곤고한 날이 이르기 전, 나는 아무 낙이 없다고 할 해가 가깝기 전에 너의 창조자를 기억하라"(전 12:1)
중보기도/ 논술에 필요한 지혜와 능력을 충만하게 하옵소서.

적용기도

논술고사를 준비하기 위해(5)

능력의 하나님! 은혜의 하나님!

○○○가 마음을 다하고 뜻을 다하고 힘을 다해 하나님을 사랑하고 충성하는 자녀 되기를 원하여 기도합니다. 하나님의 자녀에게 지혜를 아낌없이 부으시는 은혜를 체험하게 하여 주옵소서.

○○○가 글을 쓸 때 논술의 주제나 제목, 내용 등을 청중들이 관심 있게 들을 수 있는 것으로 선정하게 하옵소서. 글 쓰는 기술이 날마다 좋아지게 하옵소서. 논술고사 시 정한 시간과 정한 글자수 등 그 목표에 정확한 글을 쓸 수 있도록 많은 글쓰기 연습을 부지런히 하도록 근면성과 성실성을 주옵소서. 많은 사람이 공감하고 감동을 받을 수 있는 글을 쓰도록 성령님, 인도하여 주옵소서.

예수님의 이름으로 기도드립니다. 아멘

성구/ "너의 행사를 여호와께 맡기라 그리하면 너의 경영하는 것이 이루리라" (잠 16:3)
중보기도/ 많은 공감대를 형성하는 감동의 글을 쓸 수 있는 지혜를 주옵소서.

적용기도

논술고사를 준비하기 위해(6)

생명의 주인되신 하나님!

한 번의 실수도 하시지 않는 주 하나님! 하나님의 자녀를 사랑하시고 돌보심도 언제나 완전하신 주님! 찬양합니다.

오늘도 저희 가정에 함께 하시고 지켜 주시는 변함없는 사랑에 감사드립니다.

하나님께서 지극히 사랑하시는 ㅇㅇㅇ가 논술 공부에 필요한 지혜를 구합니다. 주님! ㅇㅇㅇ가 논술을 기술할 때에 짜임새 있게 내용을 또박또박 정확성 있게 할 수 있게 도와주소서. 글의 내용이 충실하다는 평가를 받게 하옵소서. 이 어두운 시대에 빛을 비출 수 있는 글이 되기를 원합니다. 글이 참신하고 진실하며 대중성 있게 썼다는 평가를 받게 하소서. 예수님의 이름으로 기도드립니다. 아멘

성구/ "이 모든 일에 전심전력하여 너의 진보를 모든 사람에게 나타나게 하라" (딤전 4:15)
중보기도/ 기독 학생들이 정직한 삶을 살며 사회의 옳고 그름을 글로 잘 표현할 수 있도록 능력을 주옵소서.

적용기도

평안의 주님과 동행하는 삶

평강의 왕이신 하나님 아버지! 하나님과의 막힌 담을 허시고 찾아오신 주님을 섬기며 사랑합니다. 감사합니다. 우리에게 평화를 주시려고 징계도 마다하지 않으셨던 주님! 그 사랑, 무엇으로 비교할 수 있겠습니까? 사랑하는 주님!

○○○가 기분 좋을 때나 나쁠 때, 일이 잘될 때나 안 될 때, 공부가 잘될 때나 안 될 때, 성적이 좋을 때나 나쁠 때, 그 어떤 상황 속에서도 예수 그리스도의 평안을 잃지 않게 도와주옵소서. 우리의 힘으로써 지켜지는 평안이 아님을 고백합니다. 주님 안에서만 지켜질 수 있는 평안이기에 이 평안을 우리에게 주심을 무한 감사드립니다.

○○○와 저희가 성령을 소멸치 않고 악에게 지지 말고 주님과 함께 하는 삶이 되게 하옵소서. 죄를 가지고는 평강을 지키지 못하오니 죄를 이길 힘과 지혜와 분별력을 주소서. 주의 보혈로 덮어주옵소서. 평강의 주 예수 그리스도의 이름으로 기도드립니다. 아멘

> **성구/** "육신의 생각은 사망이요 영의 생각은 생명과 평안이니라"(롬 8:6)
> **중보기도/** 쉽게 화를 내고 짜증을 내는 자녀들에게 화를 참을 수 있는 인내심을 주옵시고 분을 다스릴 수 있는 능력으로 함께 하옵소서.

적용기도 ....

학습에 도움을 줄 자를 위해

보혜사 성령님! 은혜가 풍성하신 우리 아버지여! 감사합니다. 모든 것에 풍성한 은혜로 함께 하여 주신 그 사랑 감사드립니다. 우리의 연약함을 아시는 주님! 오늘도 저희와 함께 하여 주옵소서. 모든 교회 안에 형편이 어려운 수험생들을 위해 간구합니다.

교회 안에서나 밖에서 공부에 도움을 줄 수 있는 도우미들을 붙여 주옵소서. 봉사자를 만나게 하여 주옵소서. 어려운 수험생들을 돕기 위해 봉사하는 이들에게 하나님의 크신 은총을 빕니다. 그들의 삶 속에 주님의 기적의 손길을 펴사 그들의 필요를 채워주시옵소서.

여러 기독 단체의 봉사 활동 중에 수험생을 위한 프로그램이 많게 하여 주옵소서. 자신들에게 주신 달란트를 하나님 나라 위하여, 하나님 자녀 위하여 함께 나누는 성숙한 젊은이들이 많이 나타나기를 원하오며 예수 그리스도의 이름으로 기도드립니다. 아멘

성구/ "오직 하나님이 성령으로 이것을 우리에게 보이셨으니 성령은 모든 것 곧 하나님의 깊은 것이라도 통달하시느니라" (고전 2:10)
중보기도/ 형편과 사정이 어려운 수험생들이 스스로 공부 잘 할 수 있는 방법을 깨닫거나 좋은 만남이 있도록 함께 하옵소서.

적용기도

끝까지 포기하지 않도록

구원의 하나님!

우리에게 향하신 하나님의 신실하심과 인자하심이 끝없고 영원합니다. 하나님께서 반드시 복 주시고 쓰실 ○○○에게 담대하라고 힘내라고 하시는 줄을 우리 ○○○가 알게 하여 주옵소서.

이 땅에 사는 동안에 주께 찬양과 감사의 생활을 쉼 없이 할 수 있게 하옵소서. ○○○가 모든 것에 능하신 하나님 아버지께 스스로 기도하게 하옵소서. 한 번 시작한 것은 그 일이 합당할 때에는 끝까지 인내하고 극복해가는 ○○○가 되게 하옵소서.

○○○가 자신을 하나님께 의탁하고, 자신의 연약함을 아시고 친히 간구하시는 성령님을 만나게 해 주시옵소서. 사방으로 우겨쌈을 당하는 것 같을 때에도 하나님께 엎드려 기도하게 하소서. 예수님의 이름으로 기도드립니다. 아멘

> 성구/ "아무것도 염려하지 말고 오직 모든 일에 기도와 간구로, 너희 구할 것을 감사함으로 하나님께 아뢰라"(빌 4:6)
> 중보기도/ 의지가 약한 자녀들에게 하나님을 깊이 알게 하옵소서. 능력의 주님을 경험하는 복을 주옵소서.

적용기도 ....

시험을 치를 때 당황하지 않도록

소망의 하나님!

○○○에게 소망을 주시는 주님! 사랑합니다. 오늘도 주의 말씀을 의지하여 간구 드립니다.

○○○가 어려운 시험문제이든 인생길에서 만나는 시험이든 두려워하지 말게 하옵소서. 갑자기 어려움에 봉착되고 복잡한 문제를 만나더라도 당황하지 않게 기도드립니다.

수능시험에 대비하고 대처하는 기술이나 능력이 계속 향상되도록 인도하여 주옵소서. 가진 실력보다 더 많은 더 높은 결과를 욕심내지 않음을 감사드립니다. 다만 최선을 다하고 주께 맡긴 후 기도하게 하여 주옵소서. 우리나라 중요한 자리에는 신실한 그리스도인들로 세워주시기 원합니다. 주님!

시험을 이기게 하신 주 예수님의 이름으로 기도드립니다. 아멘

성구/ "저가 너를 위하여 그 사자들을 명하사 네 모든 길에 너를 지키게 하심이라" (시 91:11)
중보기도/ 모든 수험생들이 시험을 치를 때 당황하여 오답을 쓰는 실수를 하지 않게 도와주옵소서.

적용기도

시험을 치를 때 자만하지 않도록

겸손과 온유의 하나님!
겸손한 자를 높이시며 가까이 하여 주시는 주님!
언제나 저희를 살피시며 감찰하시는 하나님!

○○○가 시험을 치를 때에 신중하기 바랍니다. 아는 문제라고 해서 쉽게 생각하거나 자만심에 빠지지 않기를 원하여 기도드립니다. 침착하여 조심히 문제를 풀어가도록 인도하여 주옵소서. 마음을 겸허히 하며 여유를 갖도록 인도하여 주옵소서.

하나님께서 언제나 겸손한 자를 가까이 하심을 깨달아 늘 자신을 낮추고 하나님 앞에 무릎 꿇는 자녀 되게 하옵소서. 날마다 저희와 ○○○에게 겸손의 은혜를 입히시옵소서. 성령님 임재하여 주사 자만하지 않도록 간섭하여 주옵소서. 겸손의 주님! 예수님의 이름으로 기도드립니다. 아멘

성구/ "너는 마음을 다하여 여호와를 의뢰하고 네 명철을 의지하지 말라" (잠 3:5)
중보기도/ 우리 하나님의 백성들과 자녀들이 자만심에 빠져 그릇된 일을 행하는 일이 없도록 지켜 주옵소서.

적용기도

시험을 치를 때 서두르지 않도록

우리의 길 되신 하나님!

우리를 향하신 하나님의 계획들에 순종하는 저희 가정이 되게 하여 주옵소서. 이 세상의 모든 일들이 하나님의 계획 속에 하나님의 시간에 맞춰 이루어졌고, 이루어지고 있음을 믿습니다.

진리의 성령님!

우리의 상급 ㅇㅇㅇ가 차분하고 넉넉한 성품을 지니게 하심을 감사합니다. 무슨 일이든 너무 서두른 나머지 실망하는 일 없기를 바랍니다. 늘 주의하게 하여 주소서. 언제나 하나님의 시간을 기다릴 줄 알게 하여 주옵소서. 잠잠히 여호와 하나님을 바라고 기다리는 인내를 주옵소서. 또한 어떤 일을 행하기 전에 기도하며 미리 준비하며 점검하는 습관이 있게 하옵소서. 주께 의탁 드리며 예수님의 이름으로 기도드립니다. 아멘

성구/ "그 손의 열매가 그에게로 돌아갈 것이요 그 행한 일을 인하여 성문에서 칭찬을 받으리라"(잠 31:31)
중보기도/ 급한 마음에 너무 서두른 나머지 시험 보는 일에 실패하지 않게 지켜 보호하여 주옵소서.

적용기도

시험 치를 때 실수하지 않도록

실수가 없으시며 식언치 않으시는 우리 주 하나님 아버지!
단 한 번의 실수도 없으신 하나님!
저희들은 그 하나님의 기르시는 양이며 자녀들입니다. 하나님의 자녀들에게 언제나 최상의 것으로 주시기 좋아 하시는 하나님께 감사와 영광을 돌립니다.

하나님이 너무도 좋아하시는 ○○○를 주께 오늘도 의탁 드립니다. 마음을 급하게 하여 안정을 떨어뜨리지 않도록 조심하게 하여 주옵소서. 문제들을 꼼꼼히 살펴보되, 순발력과 이해력은 물론 독해력과 관찰력이 동시에 발휘되어 답안 작성에 성공하도록 도와주옵소서. 한 번 더 살펴볼 여유를 주사 실수 없게 하옵소서. 어려운 문제를 풀 때에 가장 지혜롭게 처리하도록 도우소서. ○○○을 지으신 아버지 감사하며 예수님의 이름으로 기도드립니다. 아멘

성구/ "네 마음의 소원대로 허락하시고 내 모든 도모를 이루시기를 원하노라"(시 20:4)
중보기도/ 아는 문제를 실수하여 오답을 쓰는 경우가 없게 하여 주옵소서.

적용기도 ......

대학 가는 목적이 올바를 수 있도록

천국에 가는 길은 오직 예수 그리스도를 믿는 길입니다. 이 믿음을 갖게 하신 하나님께 감사드립니다.

○○○가 바른 길로 가도록 도우시는 하나님! ○○○가 대학가는 것에 대해 주의 지도하심을 받기를 원합니다.

○○○가 목적의식이 뚜렷하도록, 목적이 이끄는 진실한 삶 속에 성령 하나님의 인도하심을 따르게 하옵소서.

세상에 속한 어둠의 자녀들처럼 세상에 속한 목적과 꿈을 갖지 않고 하나님의 비전을 갖고 선교의 꿈을 갖게 하심을 감사드립니다.

이기적 마음을 벗어버리고, 이타심을 갖게 하사 남을 위해 봉사하는 삶을 살게 하소서. 언제나 성령 안에서 바른 목표, 하나님이 기뻐하실 수 있는 목적을 갖기를 원합니다. 주의 십자가로 이끄소서. 하나님께 감사하고 예수님의 이름으로 기도드립니다. 아멘

성구/ "믿음의 선한 싸움을 싸우라 영생을 취하라 이를 위하여 네가 부르심을 입었고 많은 증인 앞에서 선한 증거를 증거하였도다" (딤전 6:12)
중보기도/ 수험생들이 분명한 목적의식을 갖게 하여 주옵소서. 하나님의 자녀다운 모습과 자세를 갖게 하옵소서.

적용기도

대학가는 목적이 하나님 나라 확장과 비전에 일치되도록

비전의 하나님! 계획하신 대로 실행하시는 하나님! 하나님의 자녀들에게 놀라운 꿈을 품게 하시는 하나님! 그 꿈이 하나님 안에서 실현되기까지 도우시는 신실하신 하나님!

하나님의 자녀 ○○○을 이 시간 만지소서. ○○○가 이 어두운 시대에 한 줄기 빛이 되어 예수의 생명을 나타내게 하옵소서.

대학 가는 목적을 하나님 나라 확장하는 일에 더욱 효과적으로 쓰임 받고, 하나님 나라의 비전을 이루기 위한 효과적이며 좋은 수단이 되게 하옵소서. 이 세상의 왕 중의 왕! 만왕의 왕 되신 주의 이름을 높여 찬양 드리옵니다.

○○○가 하나님의 사랑 받는 자녀임을 이 시간 깊이깊이 상고하며 감사 영광을 돌리게 하옵소서.

꿈을 이루어가시기를 빌며 예수 그리스도의 이름으로 기도드립니다. 아멘

> **성구/** "성문으로 나아가라 나아가라 백성의 길을 예비하라 대로를 수축하고 수축하라 돌을 제하라 만민을 위하여 기를 들라" (사 62:10)
> **중보기도/** 전공과목이나 대학 선택이 하나님의 비전을 이루는 것과 관계가 있도록 인도하옵소서.

적용기도

대학 가는 목적이 이타심에 근거하도록

모든 인류의 죄를 위해 이 세상에 오신 하나님! 사람의 몸을 입으시고 죄인 가운데 오신 주님!

모든 세상 사람들의 구원자 되신 우리 주 예수 그리스도께 찬양과 경배를 드립니다.

○○○가 하나님께 나아갈 때에 하나님께로 향한 깊은 경외심을 갖기 원하여 기도합니다.

우리의 왕이신 예수님! 우리 가정에 임하소서! 좌정하시고 다스려 주옵소서. 진실로! ○○○의 마음이 항상 주를 향하도록 기도합니다. 도와주시옵소서. ○○○가 대학 가는 목적이 단지 자신의 출세나 명예나 직업을 선택하기 위함이 아님을 주께서 아시오니 감찰하여 주옵소서. 이미 하나님을 사랑하며 이웃을 사랑합니다. 그러나 미약하오니 성숙시켜 주옵소서. 많은 이를 행복하게 하는 사람이 되게 하소서. 예수님의 이름으로 기도드립니다. 아멘

성구/ "대저 의인의 길은 여호와께서 인정하시나 악인의 길은 망하리로다" (시 1:6)
중보기도/ 이 땅의 젊은 크리스천들이 이웃 사랑하는 마음이 쑥쑥 지속적으로 자라나기를 소원하며 기도합니다.

적용기도

우리의 자녀들을 위로하소서(1)

회복의 하나님 아버지!

하나님의 형상으로 지음받은 우리에게 아침마다 신선한 새 기름으로 부어 주사 날마다 성숙하는 변화의 삶을 주옵소서.

의로운 중에 깨어나게 도우사 하나님의 형상을 입게 하옵소서. 회복하게 역사하여 주옵소서.

하나님 아버지! 공부한다고 고생하는 어린 아들(딸)들이 안쓰럽습니다. 저녁 때면 피곤하여 돌아오는 주의 자녀들을 위로하소서. 힘과 능력이 되어 주시옵소서. 오늘의 크신 사랑 힘입어 활짝 피어나게 하소서. 큰소리로 웃게 만드소서.

위로하시는 하나님! 때때로 공부가 안 되는 날이 있어도 덜 짜증나게 하시고 낙심되지 않게 도와주시옵소서. 오늘도 ○○○에게 용기를 주심 감사합니다. 저희들도 ○○○에게 힘이 되게 하소서. 예수님의 이름으로 기도드립니다. 아멘

> **성구/** "여호와여 주의 이름을 아는 자는 주를 의지하오리니 이는 주를 찾는 자들을 버리지 아니하심이니이다" (시 9:10)
> **중보기도/** 공부라는 부담감을 갖고 집을 나서는 우리의 자녀들에게 용기와 위로가 되어 주옵소서. 용기와 위로자 주님을 만나게 역사하옵소서.

적용기도 ......

우리의 자녀들을 위로하소서(2)

평화의 하나님!

하나님과 인간 사이에 높은 담을 헐어주신 주님! 감사와 찬송과 영광을 돌리옵니다. 그가 찔리심은 저희와 ○○○의 허물을 인함이요, 주 예수의 상함은 우리의 죄악을 인함입니다. 주님의 징계 받음을 인하여 저희가 평화를 누리고 있습니다. 또한 주께서 엄청난 채찍에 맞으심으로 저희와 ○○○가 나음을 입었습니다. 감사하며 감사합니다.

주님의 구속의 은총을 ○○○의 마음속에서 넘치게 하며, 기쁜 찬송으로 영광을 돌리게 하옵소서.

주님은 ○○○의 선한 목자 되십니다. 또한 우리를 치료하시는 대의사이십니다. ○○○의 위로자로 나타나 주시옵소서. 주님! 힘들 때 서로 의지가 되고 힘이 되며 위로가 되는 저희 가족 삼아 주옵소서. 성령님을 의지하옵고 예수님의 이름으로 기도드립니다. 아멘

> **성구/** "여호와께서 그 백성의 상처를 싸매시며 그들의 맞은 자리를 고치시는 날에는 달빛은 햇빛 같겠고 햇빛은 칠 배가 되어 일곱 날의 빛과 같으리라"(사 30:26)
> **중보기도/** 서로 상처내고 괴로워하는 우리의 모습을 바꾸어 주옵소서. 성령 하나님! 이제는 서로 인정하며 배려하고 이해하게 도와주시옵소서.

적용기도

젊을 때 주를 위해 사는 삶을 위해(1)

거룩함의 하나님!

우리를 구원하신 하나님! 주의 거룩하신 부르심으로 우리를 부르셨음을 기억합니다.

하나님의 사랑하시는 자녀 ○○○가 젊을 때 힘을 다해 주를 섬기고 헌신의 삶을 살기를 원하여 간구합니다.

청결한 양심으로 하나님을 섬기는 헌신된 아름다운 삶을 살기 원하는 ○○○가 되게 하여 주옵소서. 오직 하나님을 두렵고 떨림으로 섬기도록 인도하여 주옵소서. 썩을 육신만을 위해 심는 자가 되지 말게 하소서. 행여나 정욕적인 삶으로 인생을 낭비하는 일은 아예 시작도 말게 하옵소서.

항상 선을 행하기를 힘쓰게 하여 주소서. 세상의 모든 악을 선으로 이기게 하여 주옵소서. 악한 것은 생각조차 나지 않게 되기를 원합니다. 거룩하신 예수님의 이름으로 기도드립니다. 아멘

> 성구/ "너희의 받은 예물 중에서 너희는 그 아름다운 것 곧 거룩하게 한 부분을 취하여 여호와께 거제로 드릴지니라" (민 18:29)
> 중보기도/ 하나님의 자녀(젊은 그리스도인)들이 주를 위해 온 몸과 마음을 다해 찬양하며 예배하게 하옵소서. 젊을 때 힘 다해 주께 헌신된 삶을 살게 하옵소서.

적용기도

젊을 때 주를 위해 사는 삶을 위해(2)

선하시고 인자하신 하나님 아버지!
거룩하시고 사랑이 많으신 아버지 하나님!
우리 삶의 주관자 되신 예수 그리스도 앞에 우리의 마음과 영이 주를 향해 경배 드립니다. 많은 청년들이 진실한 삶을 갈망하게 하여 주옵소서. 주의 말씀에 목말라 하게 하여 주옵소서. 모든 대학가마다 진리를 추구하는 청년들이 많이 늘게 하여 주시기를 간구합니다. 믿음을 가진 자녀들이 비그리스도인 친구들에게 복음을 전할 수 있는 복음의 열정을 갖게 하소서. 믿지 않는 친구들에게 늘 본을 보이게 하여 주옵소서. ㅇㅇㅇ의 마음속에 그리스도의 사랑의 물결이 파도를 치게 하옵소서.
ㅇㅇㅇ가 하고 싶은 것도 많고 가고 싶은 곳도 많은 때입니다. 항상 주를 기쁘시게 하는 삶을 살게 역사하여 주옵소서. 예수님의 이름으로 기도드립니다. 아멘

> 성구/ "사랑 안에 두려움이 없고 온전한 사랑이 두려움을 내어 쫓나니 두려움에는 형벌이 있음이라 두려워하는 자는 사랑 안에서 온전히 이루지 못하였느니라"(요일 4:18)
> 중보기도/ 주를 따르기로 결단한 청년들이 진리의 영과 미혹케 하는 영을 분별하게 역사하여 주옵소서.

적용기도

유혹을 이기는 삶을 위해(1)

의의 하나님!

하나님의 의로만이 죄를 이기고 의를 지킬 수 있습니다. 주님! 하나님의 의의 겉옷으로 입힘을 받기 위하여 간구합니다.

청년의 때에는 많은 호기심과 유혹 받을 일이 주변에 너무도 많습니다. 인간의 의로써는 세상의 유혹을 이길 힘이 전혀 없습니다. 주님! 사랑하는 나의 아들 ○○○와 딸 ○○○은 오직 성령의 법에서 승리를 되찾게 하여 주시옵소서. 모든 죄악된 유혹에서 인간이 많은 노력을 기울여 정신적으로든 의지적으로든 힘쓴다 해도 가능한 일이 아닙니다. 감정과 이성으로도 죄를 이겨보려 하지만 헛된 일임을 알게 됩니다.

죄의 모든 습관들이 끊어지게 하여 주시옵소서. 우리가 믿음으로 의롭다함을 받은 이 귀한 은혜가 ○○○의 심령 속에 사무치게 하옵소서. 예수님의 이름으로 기도드립니다. 아멘

> 성구/ "너희가 육신대로 살면 반드시 죽을 것이로되 영으로써 몸의 행실을 죽이면 살리니"(롬 8:13)
> 중보기도/ 죄악된 습관들을 찾아내어 끊기를 결단하도록 기도합니다. 많은 유혹들을 극복할 수 있는 지혜를 주옵소서.

적용기도 ....

유혹을 이기는 삶을 위해(2)

성령 하나님! 진리의 성령님! 삼위일체 하나님을 찬양합니다. 할렐루야!

우리를 창조하시고 선택하여 주신 하나님을 찬양합니다. 우리를 구원하시고 지극히 사랑하시는 구원자 되신 주님을 찬양합니다. ○○○와 저희가 죄에서 떠난 자로 살기 원하여 기도드립니다. 우리의 연약함을 아시고 친히 간구하여 주시는 성령님께 감사드리며 높고 깊은 찬양을 드립니다.

결코 우리가 은혜를 더하려고 죄에 더욱 머물 수는 없습니다. 그리스도가 우리 죄를 위해 십자가 고난 당하셨음을 이 시간도 기억하며 죄에서 벗어나 의롭게 되었음에 감사 찬양 드립니다. 이제는 부활의 주와 함께 의에 주려 살렵니다. 주여 도우소서.

예수님의 이름으로 기도드립니다. 아멘

성구/ "죄가 우리를 주관치 못하리니 이는 너희가 법아래 있지 아니하고 은혜 아래 있음이니라" (롬 6:14)

중보기도/ 믿음으로 의롭다함을 얻은 귀한 은혜를 깊이 감사하는 성도들이 되기를 기도합니다. 주의 뜻을 따라 사는 성숙한 자들이 되게 하옵소서.

적용기도

유혹을 이기는 삶을 위해(3)

신실하신 하나님! 은혜의 하나님 아버지!

오늘도 은혜로우신 주를 의지합니다. ○○○가 죄를 날마다 이기는 거룩한 삶을 살기 원하여 몸부림치고 있습니다. ○○○의 생각과 뜻을 감찰하여 주시고 모든 일을 성령 안에서 행하는 자가 되게 하여 주옵소서.

저희를 향하여 끊임없이 달려 오는 죄의 유혹들을 오직 성경에 기록된 살아 있는 말씀들을 의지하여 이길 수 있습니다. 죄를 이기는 방법은 하나님을 사랑하며 앙망하는 것이라는 것을 우리의 자녀들이 깨닫기를 원합니다. 우리의 자녀들이 죄에 대하여, 악에 대하여 역사하는 악한 영들을 대적하게 하여 주옵소서. 단순히 죄의 유입을 막아내고, 거절하게 역사하여 주옵소서. 자신의 약점을 잘 파악하여 대처하는 능력을 주옵소서. 굳건한 믿음을 구하며 예수님의 이름으로 기도드립니다. 아멘

> **성구/** "오직 여호와를 앙망하는 자는 새 힘을 얻으리니 독수리의 날개 치며 올라감 같을 것이요 달음박질하여도 곤비치 아니하겠고 걸어가도 피곤치 아니하리로다"(사 40:31)
> **중보기도/** 우리의 사랑하는 자녀들이 악을 선으로 이기는 능력의 삶을 사는 복을 얻게 하소서. 믿음의 진보가 항상 있기를 간구합니다.

적용기도

은사를 잘 사용하게 하소서

비전의 하나님! 주의 뜻이 이 땅에서 완전히 이루어질 때까지 인내하시는 하나님 아버지!

하나님께서 자녀들에게 주신 귀한 달란트들을 자발적인 헌신으로 주를 위해 사용하게 하옵소서. 주를 향한 사랑이 활활 타올라 후회 없이 아낌없이 충성하는 자녀들이 되게 하옵소서. 이웃과 더불어 사는 삶을 배워 그들이 어려움에 빠져 있을 때에 믿음의 손을 내밀고 사랑을 베풀 수 있도록 도와주시옵소서.

예수 안에서 귀한 은사가 발견되어지기를 기도합니다. 게으르고 나태한 자들처럼, 또는 악한 자들처럼 귀한 달란트가 땅에 묻혀 그대로 있는 불행을 막아주시옵소서. 부지런히 부지런히 주님 나라 위하여 봉사하는 자녀 되게 하옵소서. 예수님의 이름으로 기도드립니다. 아멘

성구/ "너희 중에 누구든지 지혜가 부족하거든 모든 사람에게 후히 주시고 꾸짖지 아니하시는 하나님께 구하라 그리하면 주시리라" (약 1:5)
중보기도/ 자녀들에게 허락하신 고유한 은사들이 발견되게 하옵소서. 그 은사들을 하나님 나라 위하여 쓰임 받게 하옵소서.

적용기도

감사의 영성을 성숙시켜 주소서(1)

믿음의 주요 온전케 하시는 주님을 찬양합니다. 또한 의지합니다. 우리가 감사하고 싶을 때 감사의 대상이 하나님이신 것에 깊은 감사를 드립니다. 그러나 우리의 믿음이 연약해지고 기도가 쉴 때에는 시험에 들기도 함을 고백합니다. 평안할 때에는 감사하지만 어렵고 힘든 때나 환난 중에는 감사를 상실하는 연약함을 긍휼히 여겨 주옵소서.

감사하지 못하는 마음에는 어두움이 주관하지만, 감사하는 마음에는 예수 그리스도의 빛으로 환하게 밝아짐을 경험합니다.

주님! ○○○가 교만하지 않고 겸손하며, 감사의 마음 밭을 잘 가꾸도록 인도하옵소서. 비난과 비평의 말을 많이 하지 않기를 기도합니다. 자신을 조용히 주님 앞에 내려놓게 하옵소서. 예수님의 이름으로 기도드립니다. 아멘

> **성구/** "항상 우리를 그리스도 안에서 이기게 하시고 우리로 말미암아 각처에서 그리스도를 아는 냄새를 나타내시는 하나님께 감사하노라" (고후 2:14)
> **중보기도/** 교만의 마음은 늘 두렵지만 감사의 마음은 늘 평강임을 깨닫게 하옵소서.

적용기도

좋은 만남의 축복

선과 미의 주관자 되신 하나님 아버지!

우리 인생에게 만남이란 매우 중요한 줄 압니다. 세상에는 많은 종류의 만남이 있습니다. 그러나 무엇보다도 우리 죄인과 하나님의 만남은 기적입니다. 우리에게 맡겨진 ㅇㅇㅇ가 만남의 축복을 받는 자가 되기를 원하여 기도합니다.

대학생활 가운데서 올바른 도덕성을 상실하지 않기를 기도드립니다. 그리스도인으로서 그리스도를 많이 닮은 성숙된 교수들을 만나게 하시고, 비그리스도인이라도 인격이 성숙되고, 성품이 온화하며 친절한 교수들을 만나게 되기를 원합니다.

또한 선후배간의 만남과 동료 친구들과의 만남에서 서로 좋은 사귐이 있게 하소서. 서로에게 도움이 되는 만남들이 되게 하소서. 성령의 도우심을 구하며 예수님의 이름으로 기도드립니다. 아멘

성구/ "의인은 그 이웃의 인도자가 되나 악인의 소행은 자기를 미혹하게 하느니라"(잠 12:26)
중보기도/ 인생의 플러스 요인으로 역사될 수 있는 성령 안에서의 좋은 만남의 축복을 주옵소서. 축복의 통로로 쓰임 받게 하소서.

적용기도

좋은 멘토 만나기를 위해

우리의 길 되신 하나님! 어느 길에는 멸망이 보이지만 어느 길에는 영생이 있습니다. 영생이신 예수의 길로 인도하시는 주님! 감사 찬송 드립니다.

주의 말씀이 우리 인생길에 참 빛이요, 생명이십니다. 성령님과의 교통이 원활하기를 기도드립니다. 성령님과의 친밀감이 날마다 새롭게 되기를 기도드립니다.

사랑하는 아들 ㅇㅇㅇ과 딸 ㅇㅇㅇ가 날마다 순간마다 기도할 때에 세미한 주의 음성을 듣게 되기를 기도합니다. 성령님의 세밀한 만지심을 경험하며 큰 기쁨을 체험하기를 간청 드립니다. ㅇㅇㅇ가 대학생활을 할 때에 훌륭한 멘토를 만나게 되는 복을 주옵소서. 주님께 의탁 드리며 예수님의 이름으로 기도드립니다. 아멘

> 성구/ "의인은 그 이웃의 인도자가 되나 악인의 소행은 자기를 미혹하게 하느니라"(잠 12:26)
> 중보기도/ 그리스도께 헌신된 교수들이 각 대학마다 충분히 배치되어서 많은 청년들을 옳은 길로 돌아오게 역사하여 주옵소서.

적용기도 ....

끝까지 포기하지 않도록

희망의 하나님!

하늘의 소망을 든든히 하게 하소서. 주의 자녀들이 이 땅에 소망을 두는 것이 아니라, 하늘에 참 소망을 두게 하소서.

어려운 고난이 닥쳐도, 시련이 와도, 모든 고통의 순간에도 믿음을 포기하지 않으며 믿음의 파국을 맞지 않도록 특별히 관리하여 주옵시고 지켜 주옵소서.

주의 자녀가 되지 못한 이들이 참 소망이 어디에 있는가를 바로 아는 기회를 주옵소서. ○○○가 이제까지 힘겨운 싸움을 했습니다. 모든 수험생들이 시험 당일 날 중압감에 눌려 대학 가는 길(시험 보는 일)을 포기하는 자가 없기를 기도합니다.

○○○가 최선을 다해 대비하게 하옵소서. 크리스천 수험생들이 끝까지 최선을 다하게 하옵소서. 예수님의 이름으로 기도드립니다. 아멘

> **성구/** "좋은 땅에 있다는 것은 착하고 좋은 마음으로 말씀을 듣고 지키어 인내로 결실하는 자니라" (눅 8:15)
> **중보기도/** 힘겹게 수능을 준비한 수험생들에게 끝까지 포기하지 않고 인내하며 최선을 다하도록 힘을 주옵소서.

적용기도

시험 당일 날

시험을 이기게 하시는 우리 주 하나님!

이제 시험 날이 눈앞으로 다가왔습니다. 시험 당일 날을 위해 미리 기도드립니다. 그 날에는 최고의 컨디션을 예비하여 주옵소서. 몸의 컨디션도, 마음의 컨디션도 최상이 되도록 복을 주옵소서. 함께 하여 주옵소서.

아무런 불안감도 없게 하여 주시고, 그 동안의 초조감마저 사라지게 역사하여 주옵소서. 조금도 당황하지 않게 지켜 주옵시고 담대함으로 동행하옵소서. 비옵기는 실수하지 않을 만큼의 약간의 긴장감만을 허락하옵소서.

전날에 수면을 충분히 취하고, 몸도 마음도 차분하게 지켜 주옵소서. 심은 대로 거두는 날입니다. 많이 심는 자가 많이 거두는 하나님의 법칙대로 역사하여 주옵소서. 예수 그리스도의 이름으로 기도드립니다. 아멘

> **성구/** "아무것도 염려하지 말고 오직 모든 일에 기도와 간구로, 너희 구할 것을 감사함으로 하나님께 아뢰라" (빌 4:6)
> **중보기도/** 이번 대입 수험생 모두를 지켜 주옵소서. 특히 정직한 자와 하나님을 신뢰하는 자들과 함께 하여 주옵소서.

적용기도 ....

컨닝의 유혹을 이기도록

우리의 왕이신 하나님 아버지!

주를 구주로 믿고 고백하는 크리스천 수험생들에게 컨닝의 유혹을 받지 않게 도와주시옵소서. 처음부터 컨닝에 대한 미혹에 관심조차 없게 하여 주옵소서. 간혹 컨닝의 유혹이 마음속에 들어온다 해도, 말씀으로 물리쳐 행동의 실수로 인한 상처와 후회가 남지 않도록 도와주시옵소서. 절대적으로 인도하여 주시옵소서.

하나님 자녀답게 행동하게 하여 주시옵소서. 다만 그 동안의 수고를 기억하여 주사 인정하여 주옵소서. 최선을 다하고 마음을 모아 꼼꼼한 답안 작성을 하도록 그 순간에 역사하여 주옵소서. 성령님의 손길을 느끼게 하여 주옵소서. 성령 하나님! 도우소서. 예수님의 이름으로 기도드립니다. 아멘

성구/ "속지 말라 악한 동무들은 선한 행실을 더럽히나니" (고전 15:33)
중보기도/ 크리스천 수험생들에게 정직한 영으로 충만하게 하옵소서.

적용기도

합격 후 등록금 마련을 위해

은혜가 풍성하신 하나님! 모든 곳에 충만하게 계신 하나님!

어려울 때마다 우리의 필요를 채워주셨던 하나님을 기억합니다. 주님 감사드립니다.

○○○가 대학 합격 후에 등록금이 필요합니다. 미리 구합니다. 등록금도 이미 허락하여 주신 줄 믿습니다. 예비하셔서 저희 가정에 기쁨을 주옵소서. 입학에 필요한 모든 경비를 다 채워 주옵소서.

하나님의 자녀들에게 가장 좋은 것으로 열심으로 복 주시는 하나님이심을 믿습니다.

비그리스도인 가정에서 성실히 공부해 온 수험생들에게도 등록금이 없어 대학 진학을 포기하는 일 없게 하소서. 기도에도 게으르지 않으며 육신으로도 모든 노력을 기울이게 하소서. 주님 뜻대로 구하는 복을 얻게 하소서. 우리의 기도를 들으시는 주 예수님의 이름으로 기도드립니다. 아멘

> 성구/ "나의 하나님이 그리스도 예수 안에서 영광 가운데 그 풍성한 대로 너희 모든 쓸 것을 채우시리라"(빌 4:19)
> 중보기도/ 각 교회마다 비그리스도인 가정의 수험생들을 충분히 돌아보며 격려하고 기도하며 도움을 줄 수 있기를 기도합니다.

적용기도

합격 후 마음 자세를 위해

우주 만물을 다스리시는 하나님! 그 위대하고 장엄하심 앞에 엎드려 경배 드립니다.

환난 날에 부르짖으라 하신 주여! 그러면 응답을 주시마 약속하신 하나님 아버지!

우리를 지켜주시며 살피시는 주여! 우리의 작은 신음에도 응답하여 주시는 세밀한 하나님! 감사드립니다.

○○○가 대학 합격을 했을 때 하나님께 찬양을 올려드리길 기도합니다. 좀더 신중하게 하여 주시고 부지런함과 성실함을 주옵소서. ○○○가 그동안 공부한 것들이 헛되지 않도록 주의 은혜를 베푸소서. 자비하신 하나님! ○○○가 항상 주의 은혜에 감격하여 고개 숙여 감사하게 하옵소서. ○○○가 성숙한 순종의 삶을 살게 하여 주옵소서. 희망의 주 예수님의 이름으로 기도드립니다. 아멘

성구/ "나의 영혼아 잠잠히 하나님만 바라라 대저 나의 소망이 저로 좇아 나는도다"(시 62:5)
중보기도/ 승리 후에 반드시 하나님께 영광을 돌리는 것을 잊지 않는 주의 자녀가 되게 하소서.

적용기도

대학 생활의 시작을 위해

보호하시며 감찰하시는 하나님!

날마다 새로운 성숙의 변화를 기대합니다. 변찮는 그리스도의 사랑으로 지켜 보호하며 지켜 인도하옵소서.

○○○가 새로운 기대와 새로운 사람들과의 만남들에서 새로운 변화를 가져오게 하옵소서. 더욱 밝고 맑은 마음으로 즐겁고 보람 있는 생활이 시작되기를 축복합니다.

여러 가지 피할 것들에 대해서는 분별하고 하나님을 사랑하고 따르는 것에 걸림이 되는 것들은 멀리하게 하소서.

늘 경건의 삶에서 벗어나지 않기를 조심하는 ○○○가 되게 하여 주옵소서.

그리스도를 향한 믿음의 발걸음이 멈춰지는 일이 없게 하여 주옵소서. 그리스도를 향한 선한 양심과 성령 안에 머무는 삶에 인내를 더하여 주옵소서. 감사하고 예수님의 이름으로 기도드립니다. 아멘

성구/ "오직 너 하나님의 사람아 이것들을 피하고 의와 경건과 믿음과 사랑과 인내와 온유를 좇으며"(딤전 6:11)
중보기도/ 청년 때에 순결한 믿음을 온전히 지킬 수 있는 복을 얻게 하옵소서.

적용기도

합격 후 풍요로운 대학 생활을 위해(1)

살아계셔서 도우시는 성령 하나님!
찬송의 주께 찬양과 존귀와 영광을 돌려드립니다.
사랑하는 자들에게 협력하여 선을 이루시는 하나님!

오늘도 저희들과 동행하여 주옵소서. 날마다 하나님의 자녀들이 거룩하신 하나님을 찬송하게 되기를 기도합니다. 하나님을 기쁘시게 하는 소원을 충분히 채워 주소서.

○○○가 진학을 했을 때에 모든 사람들과 더불어 사는 법을 배우게 하소서. 주변의 신실한 믿음의 선배와 친구들을 만나게 도와주시옵소서. 그들이 모일 때마다 성령님 함께 하여 주시고 그들로 더욱 거룩하게 하옵소서. 모일 때에 하나님께 예배드리고 경배와 찬양으로 영광을 돌리게 하옵소서. 하나님을 높여 큰소리로 찬양하며 즐거워하게 하소서.

○○○가 진실한 사람이 되게 하옵소서. 진실한 삶으로 인도하시는 예수님의 이름으로 기도드립니다. 아멘

성구/ "이 백성은 내가 나를 위하여 지었나니 나의 찬송을 부르게 하려 함이니라"(사 43:21)
중보기도/ 찬송이 입에서 떠나지 않는 삶이 되게 하소서. 모든 자연 속에서 말씀하시는 주님의 음성을 듣게 하소서.

적용기도

합격 후 풍요로운 대학 생활을 위해(2)

사람이 보람을 느낄 때 참으로 행복하게 하시는 하나님께 감사드립니다. 기쁨의 주여! 주 안에서의 모든 삶은 기쁨입니다. 그리스도 안에 참 기쁨이 있음을 아는 것으로 그치지 않고 실제의 경험을 허락하옵소서.

대학 입학 시에 참으로 만족한 기쁨을 누리게 인도하여 주시옵소서. 하나님의 기적의 손길로 간섭하셨음을 고백하는 시간이 되게 하소서.

"하나님이 하셨다."고 소리쳐 감사하게 하소서. 대학생이 된 후 믿음의 성장이 보이게 하여 주옵소서. 성령 안에서 살게 하사 육체의 모든 소욕들을 이기게 하소서. 순결하게 도와주시옵소서. 육체를 따라 즐겁게 할 유혹들을 넉넉히 극복하는 지혜와 힘을 공급하소서.

성령을 위하여 심는 지혜로운 아들 ○○○와 딸 ○○○가 되기를 원하며 예수님의 이름으로 기도드립니다. 아멘

> **성구/** "자기의 육체를 위하여 심는 자는 육체로부터 썩어진 것을 거두고 성령을 위하여 심는 자는 성령으로부터 영생을 거두리라" (갈 6:8)
> **중보기도/** 하나님의 자녀들에게 육을 위하여 심고, 육을 위하여 사는 삶의 유혹에서 벗어나게 역사하여 주옵소서.

적용기도

성령의 임재와 기름 부으심을 충만하게

진리의 하나님! 기적을 베푸시는 하나님!
언제나 동일하게 역사하시는 하나님!

저희 가정과 ㅇㅇㅇ에게 임재하여 주시옵소서. 오늘도 주의 성령 안에서 성령의 기름을 부으사 충만하게 하여 주시옵소서. 성령 안에서 성령의 인도하심을 따라 살게 도와주시옵소서.

하나님의 자녀들이 실패와 고통, 좌절과 상처에서 무조건 벗어나서, 피하려 하기보다는 차라리 그 속에 들어가 완전히 통과하고 이긴 후 씩씩하게 걸어 나오게 역사하여 주시옵소서. 자신감의 결여로부터 좌절감에 빠진 자들에게, 성령의 부으시는 사랑으로 담대하게 하여 주시옵소서. ㅇㅇㅇ가 공부할 때 실수하여 친구와의 관계에서 어려움을 겪지 않도록 도우소서. 모든 일을 주께 맡기고 바라고 기도 중에 성령의 임재를 늘 경험하게 하소서. 예수님의 이름으로 기도드립니다. 아멘

성구/ "주 여호와의 신이 내게 임하셨으니 이는 여호와께서 내게 기름을 부으사 가난한 자에게 아름다운 소식을 전하게 하려 하심이라 나를 보내사 마음이 상한 자를 고치며 포로 된 자에게 자유를, 갇힌 자에게 놓임을 전파하며"(사 61:1)

중보기도/ 하나님의 자녀들이 기도생활 성실하게 하도록 도와주시고 성령의 임재를 경험하게 하여 주옵소서.

적용기도

제2부

이 땅에 사랑받기 위해 태어난
하나님의 자녀들의
영적 전쟁을 위한 중보기도

자녀들의 영적 전쟁을 돕는 기도(1)
부모께 거역하는 영

존귀와 영광을 받으시기에 합당하신 하나님!
모든 이름 위에 가장 뛰어난 이름 예수 그리스도!
우리의 구원자의 이름은 오직 예수 그리스도뿐임을 고백합니다.
"주 안에서 너희 부모를 순종하라" 하신 말씀을 믿음의 가정의 자녀들이 마음에 새겨 늘 지켜 행할 수 있는 순종의 능력으로 함께 하여 주시옵소서. 부모의 말에 늘 거역하며 다른 길로 가려는 우리 자녀들을 불쌍히 여겨 주옵소서. 자녀들의 배후에서 역사하고 있는 어두움의 세상 주관자, 악한 영들의 세력이 무력화되도록 모든 믿음의 부모들이 기도하도록 도와주시옵소서.

순종이 제사보다 낫다는 말씀을 상기시켜 항상 주께나 부모에게 아름다운 순종의 삶을 사는 우리 자녀들이 되기를 간절히 기도드립니다. 죽기까지 순종하신 그리스도를 본받아 순종하는 능력을 더하시며 함께 하사 역사하여 주옵소서. 예수님의 이름으로 기도드립니다. 아멘

자녀들의 영적 전쟁을 돕는 기도(2)
하나님 말씀에 불순종하게 하는 영

우리에게 구속의 은총을 베푸신 하나님!

또한 순종의 본을 보이신 우리 주 예수 그리스도! 찬양합니다. 경배합니다. 지금 우리 자녀들의 심령 속에 좌정하사 다스리시고 통치하여 주시옵소서.

우리 자녀들이 불순종하여 실패의 인생이 되는 것을 원치 않으시는 하나님 아버지!

욕심으로 인해 불순종하게 되는 것을 성령 하나님, 막아주옵소서. 하나님께 불순종하여 버림 받은 사울 왕과 같은 삶이 되지 않기를 기도합니다. 보혜사 성령의 인도하심을 받고, 말씀을 통한 교훈들과 기도하는 부모들의 훈계를 경홀히 여기지 않게 도와주시옵소서.

하나님 말씀에 순종하는 삶을 배우고 잘 훈련되게 지혜와 믿음을 허락하여 주옵소서. 하나님의 말씀을 지켜 행하기를 부지런히 하며 십자가의 승리를 되찾게 도와주시옵소서. 예수님의 이름으로 기도드립니다. 아멘

자녀들의 영적 전쟁을 돕는 기도(3)
하나님 말씀을 의심케 하는 영

오랜 시간 참아 기다리시는 하나님의 인내의 사랑 앞에 무릎 꿇고 감사 기도드립니다.

성령 하나님! 진리의 하나님!

예수 안에 진정 참 기쁨과 참 사랑이 있음을 찬양합니다. 예수만이 참 길이며 참 진리이며 참 생명 되심을 찬양 드립니다.

이 땅은 불신이 가득한 세상입니다. 서로 믿지 못합니다. 부부 간에, 이웃 간에, 정부와 국민 간에, 사장과 사원 간에, 친구 간에, 교회에서조차 불신은 늘 도사리고 있습니다.

주님!

우리 자녀들이 이런 환경 속에서 하나님 말씀을 의심하며 부모의 말씀이나 사랑도 의심합니다. 이 무서운 의심의 병을 말씀으로 물리치는 능력을 주옵소서. 이 의심은 실패와 불행의 삶을 살게 하오니 주여, 불쌍히 여기사 의심으로부터 믿음 안으로 당당히 걸어나오게 하여 주옵소서. 예수님의 이름으로 기도드립니다. 아멘

자녀들의 영적 전쟁을 돕는 기도(4)
여러 가지 게으름

사랑이 많으신 하나님 아버지!

시와 찬미와 신령한 노래들로 날마다 찬송하기를 원합니다. 우리를 사랑하시되 부지런히 사랑하시고 이스라엘 백성들을 모든 죄악에서 구하시려 선지자들을 시시때때로 보내셨던 하나님 아버지!

그 아버지의 형상을 입은 저희는 어떻습니까?

성령 하나님, 우리를 도우시는 성령님!

우리 자녀들이 하나님 말씀을 읽고 묵상하고 암송하는 일에 게으름을 용서하옵시고 고쳐 주옵소서. 성령님 임하여 주사 선한 일에 늘 게으르고 내일로 미루는 습관들을 고쳐 주옵소서. 선한 일을, 하나님 기뻐하실 일을 시작하기도 전에 포기하거나 지연시키려는 불성실함에서 건져주옵소서.

이런 자녀들의 습관은 부모에게서 배운 것들이 많사오니 저희 부모들의 게으름과 불성실을 먼저 용서하사 고쳐 주옵소서.

예수님의 이름으로 기도드립니다. 아멘

자녀들의 영적 전쟁을 돕는 기도(5)
거짓말

정의와 진실과 정직의 하나님 아버지!

오늘도 저희들을 구원하시는 아버지!

주께서 우리의 허물로 인하여 찔리셨고, 우리의 죄악을 인하여 상하셨으며, 우리에게 평화를 주시려고 징계를 받으시며, 온갖 채찍에 맞으심에 우리가 나음을 입었습니다. 그 구속의 은총을 날마다 찬송합니다.

그러나 사탄은 우리 자녀들의 연약함에 온갖 거짓말로 죽이고, 멸하려 합니다. 거짓의 아비 사탄의 전술에서 우리의 자녀들을 구하여 주옵소서.

생명의 주인 되신 우리 주 예수 그리스도께서 우리 자녀들의 삶을 주관하여 주옵소서. 젊을 때 창조주 하나님을 기억하며 젊음을 주를 위해 바쳐드리는 지혜로운 주의 자녀들이 되게 하옵소서.

저희의 자녀들에게 정직한 영을 부으사 새롭게 하옵소서. 주의 흘리신 보혈로 저희 자녀들을 덮어 주시옵소서. 예수님의 이름으로 기도드립니다. 아멘

자녀들의 영적 전쟁을 돕는 기도(6)
비교의식

존귀하신 하나님 아버지!

저희를 하나님의 자녀로 삼아 주신 것을 진실로 감사드립니다. 날마다 존귀와 영광을 받으옵소서.

하나님께서 하나님의 형상으로 지으시고 만드신 하나님의 자녀들이 그들의 존재의 정체성을 바로 인식하기 원하여 기도드립니다.

참으로 높고 위대하신 하나님!

루시퍼가 하나님과 비교하여 자신도 하나님처럼 높아지고자 하는 교만 때문에 타락한 줄 압니다. 루시퍼는 하늘에서 떨어졌고, 하늘나라의 기름 부으심의 큰 은혜를 잊어버리고 쫓겨났습니다. 사탄은 교만의 창시자입니다. 그 교만은 비교의식 때문이었습니다.

하나님! 우리 자녀 한 영혼 한 영혼을 하나님이 얼마나 사랑하시는지 깨닫고 자신을 사랑할 줄 아는 우리의 자녀들이 되게 도와주시옵소서.

다른 사람과 비교하여 열등감에 빠지거나 우월감을 갖지 않기를 기도합니다. 성령 하나님! 함께 하옵소서. 다스리시고 통치하여 주옵소서. 예수님의 이름으로 기도드립니다. 아멘

기독교 가정의 수험생들을 위한 기도

믿음과 소망 그리고 사랑의 하나님 아버지!

저희가 하나님의 아들 예수 그리스도를 영접하여 하나님 자녀 된 것 진실로 감사드립니다. 믿음의 가정의 수험생들이 공부를 할 수 있는 건강과 지혜와 환경에 대해 감사할 수 있기를 기도합니다. 비난과 비평과 불평의 사람이 아니라, 늘 겸손하며 온유하고 모든 일에 감사하는 사람이 되게 하여 주옵소서. 거룩함에 합당한 삶을 소원하고, 늘 정직한 영으로 충만하게 하여 주옵소서.

공부할 때에 성령의 임재를 경험하기를 원하며 기도드립니다. 성령의 지혜와 명철을 구하며 신선한 성령의 새 기름을 충만하게 하여 주옵소서.

진리를 기뻐하는 자녀, 믿음 안에서 사랑의 수고를 즐거워하는 자녀, 선한 싸움에 인내하기를 잘 하는 자녀가 되게 하여 주옵소서.

다른 사람을 이해하거나 칭찬하는 일이 자연스럽게 익숙해지기를 원합니다. 언제나 화목의 직책을 잘 감당하여 모든 이들에게 환영받는 사람이 되도록 역사 인도하여 주옵소서. 길과 진리되신 예수님의 이름으로 기도드립니다.

비그리스도인 가정의 수험생을 위한 기도

사랑의 하나님!

한 사람도 멸망받는 것을 원치 않으시고 모든 육체가 구원 얻기까지 일하시는 하나님! 감사 영광을 드립니다.

부모님들이 예수 그리스도를 믿지 않는 가정의 수험생들에게 하나님의 자비의 은총을 구합니다. 그들이 대학 입학을 위해 공부하는 동안 진실한 크리스천 친구나 선생님을 만나는 은혜를 주시기 원합니다.

그들을 통해 예수 그리스도의 생명의 빛이 비춰지어 어둠에서 나오는 생명의 체험이 있기를 기도합니다. 사망에서 영생으로, 이제까지 마귀가 아비였으나 이제는 하나님의 자녀 되는 권세를 얻기를 기도드립니다.

이 세상에서 가장 귀한 것은 영생을 얻는 것임을 깊이 깨닫고 감사하는 그들이 되게 하여 주옵소서.

예수님의 이름으로 기도드립니다. 아멘

제3부

자녀의 삶에 복이 되는 성구 기도

✱ 성구기도 사용법

첫째, 처음에는 성경에 쓰인 그대로 읽거나 암송하면서 (   )란에 자녀의 이름을 대입시킨다.
둘째, 여러 번(성령의 임재와 기름 부으심이 충만해질 때까지) 반복한다.
셋째, 여러 번 반복하다 보면 여러 가지 기도제목과 기도문이 생긴다. 이 때에 노트에 메모를 해가면서 여러가지 인용기도가 되게 한다.
넷째, 이제는 자녀뿐 아니라 이웃과 전도대상자 등 중보하는 이들의 이름을 넣어 기도한다.

✱ 성구기도의 유익한 복

첫째, 성구기도를 꾸준히 하다보면 성경에 나오는 말씀의 내용들이 나를 위한 것임을 깨닫는다.
둘째, 말씀은 곧 능력이므로 기도가 강력해진다.
셋째, 파워 있는 성구기도의 훈련으로 담대함을 얻게 된다.
넷째, 다른 이를 위해 기도할 때에 필요 적절한 기도 내용이 자연스럽게 흘러나온다.
다섯째, 성구기도를 성실히 지속하다보면 한 성구를 가지고 1시간~2시간 그 이상도 기도할 수 있게 된다.
여섯째, 시와 찬미 방언 찬양으로까지 발전해 나간다.
일곱째, 하나님 말씀에 순종하는 능력이 생긴다.

✽ 자녀의 삶에 복이 되는 성구기도

🌸 창세기 1 : 28

하나님이 (　)에게 복을 주시며 (　)에게 이르시되 생육하고 번성하여 땅에 충만하라, 땅을 정복하라, 바다의 고기와 공중의 새와 땅에 움직이는 모든 생물을 다스리라 하시니라.

🌸 신명기 28 : 1~6

① (　)가 (　) 하나님 여호와의 말씀을 삼가 듣고 내가 오늘날 (　)게 명하는 그 모든 명령을 지켜 행하면 네 하나님 여호와께서 (　)를 세계 모든 민족 위에 뛰어나게 하실 것이라.
② (　)가 (　) 하나님 여호와의 말씀을 순종하면 이 모든 복이 (　)게 임하며 (　)게 미치리니
③ 성읍에서도 복을 받고 들에서도 복을 받을 것이며
④ (　) 몸의 소생과 (　) 토지의 소산과 (　) 짐승의 새끼와 우양의 새끼가 복을 받을 것이며
⑤ (　) 광주리와 떡반죽 그릇이 복을 받을 것이며
⑥ (　)가 들어와도 복을 받고 나가도 복을 받을 것이니라.

적용하여 각각의 말로 기도문을 써보자.

여호수아 1 : 6~9

6 마음을 강하게 하라 담대히 하라 (   )는 이 백성으로 내가 그 조상에게 맹세하여 주리라 한 땅을 얻게 하리라

7 오직 (   )는 마음을 강하게 하고 극히 담대히 하여 나의 종 모세가 (   )게 명한 율법을 다 지켜 행하고 좌로나 우로나 치우치지 말라 그리하면 어디로 가든지 형통하리니

8 이 율법책을 네 입에서 떠나지 말게 하며 주야로 그것을 묵상하여 그 가운데 기록한 대로 다 지켜 행하라 그리하면 (   ) 길이 평탄하게 될 것이라 (   )가 형통하리라

9 내가 (   )게 명한 것이 아니냐 마음을 강하게 하고 담대히 하라 두려워 말며 놀라지 말라 (   )가 어디로 가든지 (   ) 하나님 여호와가 (   )와 함께 하느니라 하시니라

역대상 4 : 10

10 (   )가 이스라엘 하나님께 아뢰어 가로되 원컨대 주께서 (   )에게 복에 복을 더하사 (   )의 지경을 넓히시고 주의 손으로 (   )를 도우사 (   )로 환난을 벗어나 근심이 없게 하옵소서 하였더니 하나님이 그 구하는 것을 허락하셨더라

시편 1 : 1~6

1 복 있는 (   )은 악인의 꾀를 좇지 아니하며 죄인의 길에 서지 아니하며 오만한 자의 자리에 앉지 아니하고
2 오직 여호와의 율법을 주야로 묵상하는 (   )로다
3 (   )는 시냇가에 심은 나무가 시절을 좇아 과실을 맺으며 그 잎사귀가 마르지 아니함 같으니 그 행사가 다 형통하리로다
4 악인은 그렇지 않음이여 오직 바람에 나는 겨와 같도다
5 그러므로 악인이 심판을 견디지 못하며 죄인이 의인의 회중에 들지 못하리로다
6 대저 (   )의 길은 여호와께서 인정하시나 악인의 길은 망하리로다

시편 3 : 3~8

3 여호와여 주는 (   )의 방패시요 (   )의 영광이시요 (   )의 머리를 드시는 자니이다
4 (   )가 (   )의 목소리로 여호와께 부르짖으니 그 성산에서 응답하시는도다(셀라)
5 (   )가 누워 자고 깨었으니 여호와께서 (   )를 붙드심이로다
6 천만 인이 (   )를 둘러치려 하여도 (   )는 두려워 아니하리이다
7 여호와여 일어나소서 (   )의 하나님이여 (   )를 구원하소서 주께서 (   )의 모든 원수의 뺨을 치시며 악인의 이를 꺾으셨나이다
8 구원은 여호와께 있사오니 주의 복을 주의 백성 (   )에게 내리소서

시편 18 : 1~3, 48~49

1 (   )의 힘이 되신 여호와여 (   )가 주를 사랑하나이다
2 여호와는 (   )의 반석이시요 (   )의 요새시요 (   )를 건지시는 자시요 (   )의 하나님이시요 (   )의 피할 바위시요 (   )의 방패시요 (   )의 구원의 뿔이시요 (   )의 산성이시로다
3 (   )가 찬송 받으실 여호와께 아뢰리니 (   ) 원수들에게서 구원을 얻으리로다

48 주께서 (   )를 (   ) 원수들에게서 구조하시니 주께서 실로 (   )를 대적하는 자의 위에 (   )를 드시고 (   )를 강포하는 자에게서 건지시나이다
49 여호와여 이러므로 (   )가 열방 중에서 주께 감사하며 주의 이름을 찬송하리이다

시편 23 : 1~6

1 여호와는 (   )의 목자시니 (   )가 부족함이 없으리로다
2 그가 (   )를 푸른 초장에 누이시며 쉴 만한 물가로 인도하시는도다
3 (   )의 영혼을 소생시키시고 자기 이름을 위하여 의의 길로 인도하시는도다
4 (   )가 사망의 음침한 골짜기로 다닐지라도 해를 두려워 하지 않을

것은 주께서 (　)와 함께 하심이라 주의 지팡이와 막대기가 (　)를 안위하시나이다

5 주께서 (　) 원수의 목전에서 (　)에게 상을 베푸시고 기름으로 (　) 머리에 바르셨으니 (　) 잔이 넘치나이다

6 (　)의 평생에 선하심과 인자하심이 정녕 (　)를 따르리니 (　)가 여호와의 집에 영원히 거하리로다

시편 121 : 1~8

1 (　)가 산을 향하여 눈을 들리라 (　)의 도움이 어디서 올꼬

2 (　)의 도움이 천지를 지으신 여호와에게서로다

3 여호와께서 (　)로 실족지 않게 하시며 (　)를 지키시는 자가 졸지 아니하시리로다

4 이스라엘을 지키시는 자는 졸지도 아니하고 주무시지도 아니하시리로다

5 여호와는 (　)를 지키시는 자라 여호와께서 (　)의 우편에서 (　)의 그늘이 되시나니

6 낮의 해가 (　)를 해치 아니하며 밤의 달도 너를 해치 아니하리로다

7 여호와께서 너를 지켜 모든 환난을 면케 하시며 또 (　) 영혼을 지키시리로다

8 여호와께서 (　)의 출입을 지금부터 영원까지 지키시리로다

잠언 6 : 20~23

20 ( )아 ( ) 아비의 명령을 지키며 ( )의 어미의 법을 떠나지 말고
21 그것을 항상 ( ) 마음에 새기며 네 목에 매라
22 그것이 ( )의 다닐 때에 ( )를 인도하며 ( )의 잘 때에 ( )를 보호하며 ( )의 깰 때에 ( )로 더불어 말하리니
23 대저 명령은 등불이요 법은 빛이요 훈계의 책망은 곧 생명의 길이라

잠언 16 : 3

3 ( )의 행사를 여호와께 맡기라 그리하면 ( )의 경영하는 것이 이루리라

이사야 61 : 1~3

1 주 여호와의 신이 ( )에게 임하셨으니 이는 여호와께서 ( )에게 기름을 부으사 가난한 자에게 아름다운 소식을 전하게 하려 하심이라 ( )를 보내사 마음이 상한 자를 고치며 포로 된 자에게 자유를, 갇힌 자에게 놓임을 전파하며
2 여호와의 은혜의 해와 ( ) 하나님의 신원의 날을 전파하여 모든

슬픈 자를 위로하되

3 무릇 시온에서 슬퍼하는 자에게 화관을 주어 그 재를 대신하며 희락의 기름으로 (　)의 슬픔을 대신하며 찬송의 옷으로 (　) 근심을 대신하시고 (　)로 의의 나무 곧 여호와의 심으신 바 그 영광을 나타낼 자라 일컬음을 얻게 하려 하심이니라

스바냐 3 : 17

17 (　)의 하나님 여호와가 (　)의 가운데 계시니 그는 구원을 베푸실 전능자시라 그가 (　)로 인하여 기쁨을 이기지 못하여 하시며 (　)를 잠잠히 사랑하시며 (　)로 인하여 즐거이 부르며 기뻐하시리라 하리라

스가랴 3 : 7

7 만군의 여호와의 말씀에 (　)가 만일 하나님의 도를 준행하며 하나님의 율례를 지키면 (　)가 하나님 집을 다스릴 것이요 (하나님)의 뜻을 지킬 것이며 하나님께서 또 (　)로 여기 섰는 자들 중에 왕래케 하리라

로마서 6 : 1~4, 12~13

1 그런즉 (   )가 무슨 말 하리요 은혜를 더하게 하려고 죄에 거하겠느뇨
2 그럴 수 없느니라 죄에 대하여 죽은 (   )가 어찌 그 가운데 더 살리요
3 무릇 그리스도 예수와 합하여 세례를 받은 (   )는 그의 죽으심과 합하여 세례받은 줄을 알지 못하느뇨
4 그러므로 (   )가 그의 죽으심과 합하여 세례를 받음으로 그와 함께 장사되었나니 이는 아버지의 영광으로 말미암아 그리스도를 죽은 자 가운데서 살리심과 같이 (   )로 또한 새 생명을 가운데서 행하게 하려 함이니라
12 그러므로 (   )는 죄로 (   ) 죽을 몸에 왕노릇 하지 못하게 하여 몸의 사욕을 순종치 말고
13 또한 (   ) 지체를 불의의 병기로 죄에게 드리지 말고 오직 (   ) 자신을 죽은 자 가운데서 다시 산 자 같이 하나님께 드리며 (   ) 지체를 의의 병기로 하나님께 드리라

에베소서 1 : 17~23

17 우리 주 예수 그리스도의 하나님, 영광의 아버지께서 지혜와 계시의 정신을 (   )에게 주사 하나님을 알게 하시고
18 (   ) 마음 눈을 밝히사 그의 부르심의 소망이 무엇이며 성도 안에

서 그 기업의 영광의 풍성이 무엇이며
19 그의 힘의 강력으로 역사하심을 따라 믿는 (   )에게 베푸신 능력의 지극히 크심이 어떤 것을 너희로 알게 하시기를 구하노라
20 그 능력이 그리스도 안에서 역사하사 죽은 자들 가운데서 다시 살리시고 하늘에서 자기의 오른편에 앉히사
21 모든 정사와 권세와 능력과 주관 하는 자와 이 세상뿐 아니라 오는 세상에 일컫는 모든 이름 위에 뛰어나게 하시고
22 또 만물을 그 발 아래 복종하게 하시고 그를 만물 위에 교회의 머리로 주셨느니라
23 교회는 그의 몸이니 만물 안에서 만물을 충만케 하시는 자의 충만이니라

에베소서 3 : 14~21

14 이러하므로 내가 하늘과 땅에 있는 각 족속에게
15 이름을 주신 아버지 앞에 무릎을 꿇고 비노니
16 그 영광의 풍성을 따라 그의 성령으로 말미암아 (   ) 속사람을 능력으로 강건하게 하옵시며
17 믿음으로 말미암아 그리스도께서 (   ) 마음에 계시게 하옵시고 (   )가 사랑 가운데서 뿌리가 박히고 터가 굳어져서
18 능히 모든 성도와 함께 지식에 넘치는 그리스도의 사랑을 알아
19 그 넓이와 길이와 높이와 깊이가 어떠함을 깨달아 하나님의 모든 충만하신 것으로 (   )에게 충만하게 하시기를 구하노라

20 ( ) 가운데서 역사하시는 능력대로 ( )의 온갖 구하는 것이나 생각하는 것에 더 넘치도록 능히 하실 이에게
21 교회 안에서와 그리스도 예수 안에서 영광이 대대로 영원 무궁하기를 원하노라 아멘

빌립보서 2 : 12~17

12 그러므로 나의 사랑하는 ( )아 ( )가 나 있을 때뿐 아니라 더욱 지금 나 없을 때에도 항상 복종하여 두렵고 떨림으로 ( ) 구원을 이루라
13 ( ) 안에서 행하시는 이는 하나님이시니 자기의 기쁘신 뜻을 위하여 ( )로 소원을 두고 행하게 하시나니
14 모든 일을 원망과 시비가 없이 하라
15 이는 ( )가 흠이 없고 순전하여 어그러지고 거스르는 세대 가운데서 하나님의 흠 없는 자녀로 세상에서 그들 가운데 빛들로 나타내며
16 생명의 말씀을 밝혀 나의 달음질도 헛되지 아니하고 수고도 헛되지 아니함으로 그리스도의 날에 나로 자랑할 것이 있게 하려 함이라
17 만일 ( ) 믿음의 제물과 봉사 위에 내가 나를 관제로 드릴지라도 나는 기뻐하고 ( ) 무리와 함께 기뻐하리니

데살로니가전서 5 : 23

23 평강의 하나님이 친히 (   )로 온전히 거룩하게 하시고 또 (   ) 온 영과 혼과 몸이 우리 주 예수 그리스도 강림하실 때에 흠 없게 보전되기를 원하노라

데살로니가후서 1 : 11~12

11 이러므로 우리도 항상 (   )를 위하여 기도함은 우리 하나님이 (   )를 그 부르심에 합당한 자로 여기시고 모든 선을 기뻐함과 믿음의 역사를 능력으로 이루게 하시고
12 우리 하나님과 주 예수 그리스도의 은혜대로 우리 주 예수의 이름이 (   ) 가운데서 영광을 얻으시고 (   )도 그 안에서 영광을 얻게 하려 함이니라

히브리서 12 : 2~5

2 믿음의 주요 또 온전케 하시는 이인 예수를 바라보자 저는 그 앞에 있는 즐거움을 위하여 십자가를 참으사 부끄러움을 개의치 아니하시더니 하나님 보좌 우편에 앉으셨느니라
3 (   )가 피곤하여 낙심치 않기 위하여 죄인들의 이같이 자기에게 거역한 일을 참으신 자를 생각하라

제3부 자녀의 삶에 복이 되는 성구기도

4 (　)가 죄와 싸우되 아직 피 흘리기까지는 대항치 아니하고
5 또 아들들에게 권하는 것같이 (　)에게 권면하신 말씀을 잊었도다 일렀으되 내 아들 (　)아 주의 징계하심을 경히 여기지 말며 그에게 꾸지람을 받을 때에 낙심하지 말라

야고보서 4 : 5~8, 10

5 (　)가 하나님이 (　) 속에 거하게 하신 성령이 시기하기까지 사모한다 하신 말씀을 헛된 줄로 생각하느뇨
6 그러나 더욱 큰 은혜를 주시나니 그러므로 일렀으되 하나님이 교만한 자를 물리치시고 겸손한 자에게 은혜를 주신다 하였느니라
7 그런즉 (　)는 하나님께 순복할지어다 마귀를 대적하라 그리하면 (　)를 피하리라
8 하나님을 가까이 하라 그리하면 (　)를 가까이 하시리라
10 주 앞에서 낮추라 그리하면 주께서 (　)를 높이시리라

요한일서 5 : 18~21

18 하나님께로서 난 자마다 범죄치 아니하는 줄을 (　)가 아노라 하나님께로서 나신 자가 (　)를 지키시매 악한 자가 (　)를 만지지도 못하느니라
19 또 아는 것은 (　)는 하나님께 속하고 온 세상은 악한 자 안에 처

한 것이며

20 또 아는 것은 하나님의 아들이 이르러 (　)에게 지각을 주사 우리로 참된 자를 알게 하신 것과 또한 우리가 참된 자 곧 그의 아들 예수 그리스도 안에 있는 것이니 그는 참 하나님이시요 영생이시라

21 (　)아 (　) 자신을 지켜 우상에서 멀리하라

요한삼서 1 : 2

사랑하는 자여 (　) 영혼이 잘됨같이 (　)가 범사에 잘 되고 강건하기를 내가 간구하노라

유다서 1 : 17~21

17 사랑하는 (　)아 (　)는 우리 주 예수 그리스도의 사도들의 미리 한 말을 기억하라

18 그들이 (　)에게 말하기를 마지막 때에 자기의 경건치 않은 정욕대로 행하며 기롱하는 자들이 있으리라 하였나니

19 이 사람들은 당을 짓는 자며 육에 속한 자며 성령은 없는 자니라

20 사랑하는 (　)아 (　)는 (　)의 지극히 거룩한 믿음 위에 자기를 건축하며 성령으로 기도하며

21 하나님의 사랑 안에서 자기를 지키며 영생에 이르도록 우리 주 예수 그리스도의 긍휼을 기다리라

제4부

죄를 이기는 말씀 묵상 · 암송

우리의 씨름은 혈과 육에 대한 것이 아니요 정사와 권세와 이 어두움의 세상 주관자들과 하늘에 있는 악의 영들에게 대함이라(엡 6 : 12)

자기의 육체를 위하여 심는 자는 육체로부터 썩어진 것을 거두고 성령을 위하여 심는 자는 성령으로부터 영생을 거두리라(갈 6 : 8)

분을 그치고 노를 버리라 불평하여 말라 행악에 치우칠 뿐이라(시 37 : 8)

죄를 알고 우리의 원수는 사탄 마귀임을 알도록

 능력의 하나님!
반드시 우리 축복하시고 우릴 들어 쓰시기 원하시는 우리의 아버지!

우릴 위해 싸워주시는 든든한 아바 하나님!

진정 감사와 찬양을 드립니다.

오늘도 (　)을 위해 일어나서 (　)의 심령의 견고한 요새들을 무너뜨려 주옵소서.

십자가에서 저희의 죄를 위해 부활하신 주님을 사랑합니다.

찬양 경배 드립니다.

우리의 싸움은 원수 마귀와의 것임을 (　)이 깊이 인식하게 도와 주옵소서. 우릴 위해 싸워주시는 승리의 주 예수 그리스도의 이름으로 기도드립니다. 아멘

진리의 성령 하나님!

(　)에게 생명 주시기 원하셨던 주님! 감사합니다.

(　) 안에 예수의 생명이 있음을 생각할 때 진실로 감사드립니다.

심는대로 거두시는 하나님!

(　)가 썩어질 육체를 위하여는 무엇이든 심지 않게 도와주소서.

(　)의 영을 깨우소서. 깨우소서.

죄를 미워할 수 있는 믿음으로 나아가길 원합니다. 진리를 보며 기뻐

하는 (   )에게 더욱 진정과 신령의 예배를 드리는 복을 함께 하여 주옵소서. 즐거이 주를 예배할 때 기뻐하시는 예수님의 이름으로 기도합니다. 아멘

여호와께서 용사같이 나가시며 전사같이 분발하여 외쳐 크게 부르시며 그 대적을 크게 치시리로다(사 42 : 13)

또 너희가 악인을 밟을 것이니 그들이 나의 정한 날에 너희 발바닥 밑에 재와 같으리라 만군의 여호와의 말이니라(말 4 : 3)

여호와여 일어나소서 나의 하나님이여 나를 구원하소서 주께서 나의 모든 원수의 뺨을 치시며 악인의 이를 꺾으셨나이다(시 3 : 7)

대저 주께서 나로 전쟁케 하려고 능력으로 내게 띠 띠우사 일어나 나를 치는 자로 내게 굴복케 하셨나이다(시 18 : 39)

믿음의 용기를 얻는 자녀되기를

 성실과 진실이 한없으신 우리 하나님!
우리에게 사랑과 자비의 하나님께서 또한 용사같이 싸워 주시는 하나님임을 나타내소서.

하나님께서 지극히 사랑하시는 자녀 (   )가 자신의 죄 때문에 기도합니다. 통회 자복하며 눈물로 기도합니다. 그때에 언제나 위로하시고 용기 주셔서 상한 무릎을 일으켜 세우셨던 주님! 그 사랑에 감격되어 감사의 눈물로 찬양드리는 (   )에게 오늘도 한없는 사랑으로 안아 주옵소서. (   )는 믿음의 용기를 더욱 얻고 일어나 빛을 발할 것입니다.

죄를 범했을 땐 속히 회개할 마음을 주옵소서. 주의 구원을 두렵고 떨림으로 이루게 하옵소서.

늘 정직하여 모든 죄과에서 벗어나 십자가 사랑 앞에 무릎 꿇어 경배하도록 도와 주옵소서. 늘 진실하신 예수 그리스도의 이름으로 기도드립니다. 아멘

네 모든 소제를 기억하시며 네 번제를 받으시기를 원하노라(셀라) (시 20 : 3)

여호와여 주의 능력으로 높임을 받으소서 우리가 주의 권능을 노래하고 칭송하겠나이다 (시 21 : 13)

이스라엘의 찬송 중에 거하시는 주여 주는 거룩하시니이다(시 22 : 3)

여호와는 나의 빛이요 나의 구원이시니 내가 누구를 두려워하리요 여호와는 내 생명의 능력이시니 내가 누구를 무서워하리요(시 27 : 1)

찬송으로 주의 이름을 높이는 삶이 되도록

찬송의 주인이신 하나님!
우리 마음과 뜻과 힘 모아 찬양합니다.
새 노래를 지어 올리고 춤추어 찬양합니다. 영원토록 찬송과 영광 받으옵소서.

하나님을 사랑하는 (   )가 더욱 더 하나님을 깊이 알게 하옵소서.
더 깊은 노래로 하나님을 기쁘시게 하도록 이끌어 주옵소서.

하나님을 높이 찬양할 때에 (   )을 괴롭히는 모든 죄악이 못 견디고 쫓겨나가도록 역사 하옵소서. 우리의 원수들을 흩어 날려 보내셔서 주를 미워하는 원수가 주 앞에서 도망가게 될 것을 믿습니다.

할렐루야! 우린 승리한 자들입니다. 주의 자녀이므로! 승리의 주 예수님 이름으로 기도합니다.

주는 나의 힘이요 노래시며, 주는 나의 구원이 되셨도다 주는 나의 하나님이시니, 내가 주께 처소를 예비하겠으며 내 조상의 하나님이신 주를 드높이리로라 (출 15 : 2~3)

할렐루야 여호와께 감사하라 그는 선하시며 그 인자하심이 영원함이로다(시 106 : 1)

여호와의 인자하심과 인생에게 행하신 기이한 일을 인하여 그를 찬송할지로다(시 107 : 8)

하나님이여 내 마음을 정하였사오니 내가 노래하며 내 심령으로 찬양하리로다 비파야 수금아, 깰지어다 내가 새벽을 깨우리로다(시 108 : 1)

감사가 흘러 넘치는 심령이 되도록

언제나 광대하신, 위엄이 높으신 하나님!
주의 지으신 모든 세계와 열방이 주께 찬양드리옵니다.

하나님 아버지의 이름이 이 땅에서 가장 높임을 받으시기에 합당하나이다.

(   )의 영혼이 여호와 하나님을 송축합니다. 그 성호를 송축하며 주께서 베푸신 모든 은택에 감사 찬송드립니다.

(   )의 죄를 따라 갚지 아니하시고 늘 긍휼과 인자와 선을 베푸신 주께 감사 찬양 드리옵니다.

자신에게 주어진 모든 일과 환경과 사람들에 대해 감사할 수 있는 은혜를 더하여 주시옵소서.

우리 마음에 임하사 좌정하시고 오늘도 주 은혜 안에 다스려 주옵소서.

항상 선하시며 인자하신 예수님의 이름으로 기도드립니다. 아멘

여호와께 감사하라 저는 선하시며 그 인자하심이 영원함이로다(시 118:1)

마치는 기도

감사의 노래로 주를 찬양합니다.

저와 주를 믿는 모든 자들이 항상 진실하며 성실히 기도하는 삶을 살기 원하여 기도합니다.

늘 정직히 행하여 주 앞에 꺼리낌이 없는 담대한 삶을 살게 하소서.

이 책을 통해 우리가 죄와 싸워 이기며 모든 일마다 때마다 풍성한 은혜로 함께하시는 주님을 뵈옵기 원합니다.

지금 이 순간도 원수 마귀를 대적하기 위해 말씀으로 무장시켜 주옵소서.

할렐루야 하나님 찬양
할렐루야 예수님 찬양
할렐루야 성령님 찬양

이 책을 쓰도록 힘을 주신 하나님께 감사하며 거룩하신 예수님의 이름으로 기도드립니다. 아멘.

| 참고문헌 |

국내
- 신성종, 「그리스도인이 꼭 알아야 할 영적 전쟁 이야기」 서울; 국민일보, 2004.
- 홍성건, 「하나님이 찾으시는 사람」 서울; 예수전도단, 1989.

국외
- IBLP, 「이글스토리」 서울; 나침반, 2006.
- 외르크 크눕라우흐, 「크리스천은 공부하는 방식이 다르다」 윤진희 옮김, 서울; 한스미디어, 2005.
- 스토미 오마샨, 「남편의 기도로 아내를 돕는다」 조계광 옮김, 서울; 생명의말씀사.
- 로버트 게이, 「차원 높은 영적 전쟁-원수를 잠잠케 하라」 진이엘 킴 옮김, 서울; 나단, 2000.